税理士が知っておきたい

〈精選〉

税務事例50

経営税務研究会【編】　税理士 田中敏行【編著】

中央経済社

まえがき

　わが国の租税法は，税目が多岐にわたり，法人税法をはじめとして各税目において本則の他に，政令，省令，その解釈を補足する課税庁による基本通達，さらに租税特別措置法もあり複雑です。

　さらに税務実務では毎年税制改正における租税法の見直しがあり，税理士や顧問先にとって申告時の留意点となり，例えば不動産の評価方法や譲渡所得の解釈においてその内容は必ずしも同一ではなく，条文，裁決例，判例等を十分に論及しなければ判断できない案件も少なくありません。

　また類似事案で同様の解釈となったとしても，その判断に至るアプローチは税理士個々の検証に基づきます。こう考えると，この分野はアナログ的解釈が重要です。

　加えて時代の潮流にはDX化，暗号資産，生成系AI（ChatGPTなど）があります。その基底はデジタルであり，しかもその革新のスピードは早いです。これらは税理士が直面している喫緊の課題でもあり，そのスキル・アップが求められています。

　このデジタルへの対応という問題には，①その1つはどのようにして税理士業務のデジタル・データ処理のスキル・アップを図っていくのか，もう1つは②本書で紹介している暗号資産など多様なデジタル資産を租税法にどのように取り込み，またどのようにアナログ的解釈をするのかという2つの側面があります。

　税理士は，今まではアナログ的解釈で仕事をし，十分評価されてきましたが，次世代税理士にはそれに加えて，業務としてデジタル・データ

処理能力とともに多様なデジタル資産の実態を把握し，その実態に即した税法上の的確な解釈をする素養が必須になるでしょう。

　本書は，編者が国士舘大学経営学部教授在任時に経営税務研究会を設立し，コロナ禍の期間を経て足掛け10年になったことを契機に，税務実務書の上梓を企画したものです。税理士の先生方に実際の税務実務で取り扱った事例をQ&Aの原稿として執筆していただき，大学の先生方には監修者として，その事案における判断やその根拠について，該当条文や判例などから査読していただき，本書の内容の充実を図っています。

　本書の出版にあたっては，長年にわたり税務実務に多大な貢献をされてきた税理士の岩下忠吾先生には大変ご尽力を賜り感謝申し上げます。加えて出版を快く引き受けていただいた株式会社中央経済社，実務編集部，編集次長牲川健志様に心からの御礼を申し上げます。

　令和6年7月

　　　　　　　　　　　　　　　　　　　　　　経営税務研究会
　　　　　　　　　　　　　　　　　　　　編者・税理士　田中　敏行

目 次

まえがき　3

第1章　デジタル財産

- Q1　暗号資産の概要……………………………………………… 10
- Q2　暗号資産の定義……………………………………………… 14
- Q3　暗号資産の法的性質………………………………………… 17
- Q4　ステーブルコイン…………………………………………… 20
- Q5　NFT …………………………………………………………… 23
- Q6　メタバース…………………………………………………… 27
- Q7　DeFi ………………………………………………………… 30
- Q8　DAO ………………………………………………………… 33
- Q9　CBDC ……………………………………………………… 35
- Q10　CARF ……………………………………………………… 37

第2章　所得税

- Q11　暗号資産で生じる所得税①……………………………… 40
- Q12　暗号資産で生じる所得税②……………………………… 43
- Q13　外国預金の為替差益の計上の必要性 …………………… 46
- Q14　特定の事業用資産の買換え特例 ………………………… 48
- Q15　相続により取得した非上場株式を発行会社に譲渡した場合の特例 ……………………………………………………… 50
- Q16　中心的な同族株主に該当しない同族株主からの自己株式買取時の留意点 ……………………………………………… 52

- Q17 代物弁済により取得した土地の取得費 …………………………… 54
- Q18 税理士による顧問先企業への貸付金は貸倒損失として計上できるか …………………………………………………………………… 56
- Q19 譲渡した土地の取得価格が不明の場合 …………………………… 58
- Q20 大正10年に取得した土地の売買契約書や領収書が無い場合の土地の譲渡所得 ……………………………………………………… 62
- Q21 土地の収用による軽減税率の特例適用申告後の建替え特例の適用の可否 ………………………………………………………… 65
- Q22 夫を配偶者控除として適用できるか ……………………………… 66

第3章 相続税

- Q23 マンション敷地に地積規模の大きな宅地の評価減は適用可能か ……………………………………………………………………… 70
- Q24 共有地の解消の税務 ………………………………………………… 75
- Q25 取引相場のない株式に係る同族株主の判定に際して，議決権のない株式がある場合の取扱い …………………………………… 77
- Q26 取引相場のない株式に係る同族株主の判定における同族関係者 ……………………………………………………………………… 79
- Column 1 財産評価基本通達の位置づけ ……………………………… 81
- Q27 民事信託を活用した財産の承継 …………………………………… 82
- Q28 有価証券のうち，投資信託の財産評価 …………………………… 84
- Q29 利用価値が著しく低下している宅地の評価 ……………………… 88
- Q30 特定居住用宅地等の減額特例 ……………………………………… 91
- Q31 「おひとり様」の相続と遺贈寄付 ………………………………… 92
- Q32 遺産分割協議書の捺印と相続の開始があった日 ………………… 94
- Q33 相続人の1人が他の相続人の相続税を負担した場合 …………… 97

第4章　法人税

- Q34　固定資産の法定耐用年数 …………………………………… 102
- Q35　役員退職金の会計税務処理 …………………………………… 104
- Column 2　役員給与と損金不算入 ……………………………………… 106
- Q36　非営利型法人における「収益事業開始届出書」の提出の
  タイミング ……………………………………………………… 108
- Q37　包括的承継となる組織再編（適格合併，適格分割型分割）の
  減価償却資産の取扱い ………………………………………… 111
- Q38　賃上げ促進税制と法人税 ……………………………………… 113
- Column 3　シンガポールにおける株式会社設立と収益の送金の課税
  について ……………………………………………………… 117

第5章　消費税

- Q39　暗号資産で生じる消費税 ……………………………………… 120
- Q40　簡易課税制度選択届出書の提出期限 ………………………… 123
- Q41　マンションの住宅部分と事業用部分との消費税の取扱い …… 125
- Column 4　消費税のナゾナゾ …………………………………………… 129

第6章　複数の税目が関係する税務，税法以外の法が影響する税務

- Q42　〔法人税，所得税，相続税〕
  個人所有の土地活用のために設立した法人が，賃貸建物を
  建設した場合に個人に支払う地代 …………………………… 132
- Q43　〔所得税，相続税〕
  事業承継税制を適用した株式がM&Aの提案を受けた場合の
  税務 ……………………………………………………………… 134
- Q44　〔所得税，住民税，社会保険等〕
  配偶者がアルバイト等で働く場合の税金 …………………… 136

目次

Q45 〔所得税,相続税〕同族株主の判定はいつ行うのか ……………… 139
Q46 〔所得税,贈与税〕少数株主からの自己株式取得時の留意点 … 142
Q47 〔国税徴収法,破産法〕
　　　税務調査により発生した租税債務納付 ………………………… 144
Q48 〔電子帳簿保存法〕
　　　電子帳簿保存法の「電子取引」のデータ保存の義務化対策 … 146
Q49 〔固定資産税〕家屋が固定資産税の課税対象に該当するか否
　　　かの判断 ……………………………………………………………… 150
Column 5 　固定資産税の課税誤りを見つける方法 ………………… 152
Q50 〔固定資産税〕償却資産の申告 ……………………………………… 153

法令略語

消法……消費税法　　　　　　　　地法……地方税法
消基通……消費税法基本通達　　　法法……法人税法
所法……所得税法　　　　　　　　法令……法人税法施行令
所令……所得税法施行令　　　　　相法……相続税法
所基通……所得税基本通達　　　　相基通……相続税基本通達
相法……相続税法　　　　　　　　財基通……財産基本通達
措法……租税特別措置法　　　　　国通法……国税通則法
措令……租税特別措置法施行令　　会法……会社法

目　次

第1章
デジタル財産

Q1　暗号資産の概要

暗号資産とは何ですか？

A　　　　　　　　　　　　　　　　　　　　　　　[回答：柳谷憲司]

　インターネット上でやりとりできる財産的価値であり，ブロックチェーンで取引が記録されるもののことです。法令上は資金決済法で定義されています。

(1)　暗号資産の概要

　暗号資産（仮想通貨）とは，インターネット上でやりとりできる財産的価値であり，そのやりとりがブロックチェーンで記録されるもののことをいいます。

　暗号資産は，2008年10月に，サトシ・ナカモトと名乗る人物が暗号技術の論文をメーリングリストに投稿したことがすべての始まりであるとされています。

　論文投稿後の3か月後には，暗号資産の1つであるビットコインの最初のブロックが生成され，2010年5月には，支払手段としてピザ2枚と10,000BTCの交換が行われました。

　暗号資産の歴史は15年ほどしかありませんが，その種類や時価総額は増加を続け，2023年12月時点で，2万を超える種類の暗号資産が存在し，その時価総額は220兆円ほどにのぼります。

　代表的な暗号資産として，ビットコイン（BTC），イーサ（ETH），リップル（XPR）といったものがあります。

(2) ブロックチェーンの仕組み

　ブロックチェーンとは，情報通信ネットワーク上にある端末同士を直接接続して，暗号技術を用いて取引記録を分散的に処理・記録するデータベースの一種であり，暗号資産等に用いられている基盤技術です。

　取引の記録は，取引データ等をブロックに格納し，そのブロックがつながることにより行われますが，ブロックチェーン上には取引記録を管理する管理者がいないことから，記録をした者に報酬を与えるというインセンティブを導入することにより，取引を記録しています。

■ブロックチェーンのイメージ

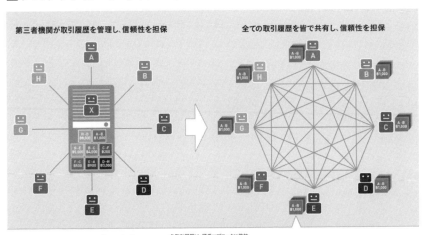

Q1　暗号資産の概要

不正な取引やデータの改ざんを防いで，正しくデータを記録するためにはルール（合意形成アルゴリズム）が必要ですが，それには大きくプルーフ・オブ・ワーク（Proof of Work：略して「PoW」）と，プルーフ・オブ・ステーク（Proof of Stake：略して「PoS」）の2種類があります。

PoW
最初にある条件を満たしたブロックを探し出した者にブロックを生成させる方法です。条件を満たしたブロックを探すためには，演算能力を有するコンピューターを用いて総当たり計算をする必要があります（難易度は10分間に1回調整されます）。

PoS
暗号資産の保有量が多ければ多いほど，自ら保有する暗号資産の価値を下げることはしないという考えに基づき，所有している暗号資産の枚数が多いほど当たりやすいくじ引きに当たった者が，ブロックを生成する方法です。

PoWでのブロックの生成を「マイニング」，マイニングする者を「マイナー」といい，PoSでのブロックの生成を「ステーキング」，ステーキングする者を「バリデータ」といいます。

(3) ブロックチェーン同士の相互運用性

暗号資産の取引が記録されるブロックチェーンは，各ブロックチェーンごとに独立していてつながっていません。

そのため，例えばBTCをETHのブロックチェーンであるイーサリア

ム上で利用することはできませんが，このような問題を解決するために，各ブロックチェーン間に橋をかけ，データをやりとりできるようにする仕組みがあります。これを「クロスチェーンブリッジ」といいます。

　クロスチェーンブリッジの方式としては，元のブロックチェーン上のトークン（電子的な証票のこと）をロックして，利用先のブロックチェーンのトークンの発行を受け取る方式（ロック＆ミント方式）や，元のブロックチェーン上のトークンを消滅させて利用先のブロックチェーンのトークンを受け取る方式（バーン＆ミント方式）などがあります。

　利用先のブロックチェーンにおけるトークンはラップドトークンといい，暗号資産の種類ごとに頭に「W」をつけて表記されます。例えば，イーサリアム上で利用できるBTCはWBTCと表記されます。

Q2 暗号資産の定義

暗号資産は法令上どのように定義されていますか？

A
［回答：柳谷憲司］

資金決済法で暗号資産の定義がなされています。

(1) 暗号資産の法令上の定義

「暗号資産」は，2017年4月に，資金決済法（資金決済に関する法律）において法令上はじめて定義されました。この定義については，FATF[1]の仮想通貨に関するガイドラインの定義をふまえたものとされています。

当初の呼称は「仮想通貨」でしたが，国際的に「crypto asset」との表現が用いられていることや法定通貨との誤解が生じやすいとして，「暗号資産」に変更されました。

（資金決済法2条14項[2]）
　この法律において「暗号資産」とは，次に掲げるものをいう。ただし，金融商品取引法第29条の2第1項第8号に規定する権利を表示するものを除く。
一　物品等を購入し，若しくは借り受け，又は役務の提供を受ける場合に，これらの代価の弁済のために不特定の者に対して使用することができ，

1　FATF（Financial Action Task Force：金融作業部会）とは，マネー・ローンダリング対策及びテロ資金対策における国際協調を推進するために，1989年のアルシュ・サミット経済宣言を受けて設立された政府間会合です。
2　法律制定時は2条5号に規定されていましたが，改正法の施行（2023年6月1日）により，2条14項に繰り下げとなっています。

かつ，不特定の者を相手方として購入及び売却を行うことができる財産的価値（電子機器その他の物に電子的方法により記録されているものに限り，本邦通貨及び外国通貨，通貨建資産並びに電子決済手段（通貨建資産に該当するものを除く。）を除く。…）であって，電子情報処理組織を用いて移転することができるもの

二　不特定の者を相手方として前号に掲げるものと相互に交換を行うことができる財産的価値であって，電子情報処理組織を用いて移転することができるもの

(2) 暗号資産該当性の判断

　暗号資産該当性については，2023年3月に，金融庁から解釈指針[3]が示されています。

　これによると，以下のイおよびロを充足するなど，社会通念上，法定通貨や暗号資産を用いて購入又は売却を行うことができる物品等にとどまると考えられるものについては，資金決済法2条14項1号に規定する「代価の弁済のために不特定の者に対して使用することができ」るものという要件は満たさないとされています。

イ　発行者等において不特定の者に対して物品等の代価の弁済のために使用されない意図であることを明確にしていること（例えば，発行者又は取扱事業者の規約や商品説明等において決済手段としての使用の禁止を明示している，又はシステム上決済手段として使用されない仕様となっていること）

ロ　当該財産的価値の価格や数量，技術的特性・仕様等を総合考慮し，

---

[3]　2023年3月24日付「事務ガイドライン（第三分冊：金融会社関係）」（16 暗号資産交換業者関係）の一部改正

> 不特定の者に対して物品等の代価の弁済に使用し得る要素が限定的であること。例えば，以下のいずれかの性質を有すること
> (イ) 最小取引単位当たりの価格が通常の決済手段として用いるものとしては高額であること
> (ロ) 発行数量を最小取引単位で除した数量（分割可能性を踏まえた発行数量）が限定的であること

ただし，イおよびロを充足する場合であっても，法定通貨や暗号資産を用いて購入又は売却を行うことができる物品等にとどまらず，現に小売業者の実店舗・ECサイトやアプリにおいて，物品等の購入の代価の弁済のために使用されているなど，不特定の者に対する代価の弁済として使用される実態がある場合には，同要件を満たす場合があります。

なお，同庁は，パブリックコメント[4]において，上記(イ)について，「例えば1,000円以上のものについては『最小取引単位当たりの価格が通常の決済手段として用いるものとしては高額』なもの」に該当し，上記(ロ)について，「例えば100万個以下である場合には，『限定的』といえる」との考え方を示しています。

4　前掲注3の別紙1「コメントの概要及びコメントに対する金融庁の考え方」

Q3　暗号資産の法的性質

暗号資産に所有権は認められますか？　また私法上の性質はどのように整理されていますか？

A　　　　　　　　　　　　　　　　　　　　　　　　[回答：柳谷憲司]

暗号資産に民法上の所有権は認められないと解されています。また，私法上の法的性質については諸説あります。

(1) 暗号資産の民法上の整理

民法85条は，所有権の客体である「物」とは有体物をいう旨規定していますが，ブロックチェーンに記録された情報である暗号資産は無体物であることから，所有権の対象にはならないとされています。

この点，所有権の客体となるには，有体物であることのほかに，排他的支配可能性が必要ですが，暗号資産の1つであるビットコインについて，これらを有するとは認められないことから，ビットコインは物権である所有権の客体とはならない旨，また，物権と債権を峻別している民法の原則や同法85条の明文に反してまで「有体物」の概念を拡張する必要は認められないと判示した裁判例[5]があります。

また，暗号資産については特定の発行主体が存在しないことから，特定の者に対する債権にも該当しないとされています。

5　東京地裁平成27年8月5日判決（平成26年(ワ)第33320号）

(2) 暗号資産の法的性質

　暗号資産の私法上の性質については，次のような説がありますが，議論の一致を見ていません。

イ　物権説

> 　資金決済法は，暗号資産に財産的価値があることを認め，その保有者について，一定の法的保護が必要であるとの立場に立つが，このような公法上の規制において採用されている考え方は私法上の検討を行うに際しても参考にされるべき。
> 　暗号資産は，日本の私法上，法的保護に値する財産的価値であり，そうした財産的価値として法的にも権利の対象や取引の対象として扱われるべきものであってその帰属や移転については，原則として物権法のルールに従うと考えるべき。

　有体物ではないものの帰属についても物権法のルールを適用するという考え方は，すでにペーパーレス化された証券の取引との関係で採用されてきた考え方でありますし，預金の帰属に関しても有力に説かれてきたところです。

ロ　財産権説

> 　民法典における「財産権」とは，起草者によれば，「処分することを得べき利益を目的とする権利」と定義されるものであり，一定の利益が「財産権」として法主体に排他的に帰属することにより，この者に認められる法的権能が「処分権」であると捉えることができる。
> 　法的に処分可能である「財産権」は，債務者の責任財産を構成する要素となり，債権者による強制執行の対象や担保物権の設定の客体となりうるし，

相続による承継の対象となる財産を構成する。

　このような整理を踏まえると，暗号資産は，民法典にいう「財産権」としての性質が認められます。

ハ　事実状態説

　日本法上は，ビットコインそのものが何らかの権利または法律関係を表章するわけではなく，また，ビットコインの保有者はその保有残高に対して何らかの権利を有するわけでもなく，さらにビットコインが何らかの権利または法律関係の証拠となっているわけでもない。

　要するに，ビットコインの保有は，秘密鍵の排他的な管理を通じて当該秘密鍵に係るアドレスに紐づいたビットコインを他のアドレスに送付することができる状態を独占しているという事実状態にほかならず，何らの権利または法律関係をも伴うものではない。そのような事実状態に財産的価値が認められ，その移転を伴うさまざまな取引が行われているのである。

ニ　合意説

　ビットコインの場合，所定のプロトコルに基づき，そのデータはブロックチェーンという技術を用いてネットワーク上に記録・保持され，分散型台帳という形でネットワーク参加者全員により管理される。換言すれば，ビットコインの保有を可能としているのは，取引参加者全員が「合意」し，前提としている仕組み（またはプロトコル）であり，そのような合意が一種のソフトローとなってシステム全体を支えていると言える。

　したがって，ビットコインやこれに類似する暗号資産の取引ルールは，このような「合意」に根拠を求めるべき。

Q4 ステーブルコイン

ステーブルコインとは何ですか？

A [回答：柳谷憲司]

特定の資産と関連して価値の安定を目的とするデジタルアセットでブロックチェーンを用いているものです。

(1) ステーブルコインの概要

2009年に誕生した暗号資産は，裏付けとなる資産がないことから価格変動が激しく，決済手段としては利用しづらいと言われています。この点，米国では，法定通貨に価値が連動するように設計されたステーブルコインと呼ばれるブロックチェーン上の資産を用いた取引が急速に拡大しました。代表的なものとして，米ドルに価値が連動するように設計されたTether（USDT）やUSD Coin（USDC）が利用されています。

ステーブルコインには明確な定義は存在しませんが，一般的には，特定の資産と関連して価値の安定を目的とするデジタルアセットで分散台帳技術（またはこれと類似の技術）を用いているものとされ，決済手段としてだけでなく，従来の送金の仕組みに比べて迅速かつ低コストで，いつでもどこでも送付できることから，送金手段としても用いられることが期待されています。

日本国内においては，2023年6月1日に改正資金決済法が施行され，ステーブルコインの国内での流通が解禁となりました。

(2) ステーブルコインの法令上の定義

　ステーブルコインは，従来の暗号資産以上にグローバルかつ広範に普及する可能性が高いことから，マネー・ロンダリング等のリスクが高いという問題や，顧客から受け入れた資産をいかに適切に保全するかといった利用者保護の問題が指摘されており，発行者から独立した暗号資産交換業者のような仲介者に関する法制度がなかったことから，2022年に必要な法整備がなされています。

　法令上，法定通貨との価値の連動を目指すステーブルコインについては，価値を安定させる仕組みによって，デジタルマネー類似型と暗号資産型に分類されます。

法令上の分類	内　容	法令上の定義
デジタルマネー類似型	法定通貨の価値と連動した価格（例：1コイン＝1円）で発行され，発行価格と同額で償還を約するもの（及びこれに準ずるもの）	電子決済手段
暗号資産型	上記以外（アルゴリズムで価値の安定を試みるもの等）	資金決済法上の「暗号資産」，金融商品取引法上の「有価証券」

　そして，デジタルマネー類似型のステーブルコインについては，資金決済法において，以下のように定義されています。

資金決済法2条5項
　この法律において「電子決済手段」とは，次に掲げるものをいう。
一　物品等を購入し，若しくは借り受け，又は役務の提供を受ける場合に，これらの代価の弁済のために不特定の者に対して使用することができ，か

つ，不特定の者を相手方として購入及び売却を行うことができる財産的価値（電子機器その他の物に電子的方法により記録されている通貨建資産に限り，有価証券，電子記録債権法（平成19年法律第102号）第2条第1項に規定する電子記録債権，第3条第1項に規定する前払式支払手段その他これらに類するものとして内閣府令で定めるもの（流通性その他の事情を勘案して内閣府令で定めるものを除く。）を除く。…）であって，電子情報処理組織を用いて移転することができるもの（第3号に掲げるものに該当するものを除く。）

二　不特定の者を相手方として前号に掲げるものと相互に交換を行うことができる財産的価値であって，電子情報処理組織を用いて移転することができるもの（次号に掲げるものに該当するものを除く。）

三　特定信託受益権

四　前三号に掲げるものに準ずるものとして内閣府令で定めるもの

　上記の定義を見ると，「暗号資産」の定義（14ページ）と類似していますが，「電子決済手段」は「通貨建資産」（本邦通貨若しくは外国通貨をもって表示され，又は本邦通貨若しくは外国通貨をもって債務の履行，払戻しその他これらに準ずるもの…が行われることとされている資産）である点が「暗号資産」と異なります。

Q5 NFT

NFTとは何ですか？

A　　　　　　　　　　　　　　　　　　　　　　　[回答：柳谷憲司]

　ブロックチェーン上で発行される唯一無二のトークンのことをいいます。

(1) NFTの概要

　NFTとは，Non Fungible Tokenの頭文字をとったものであり，非代替性トークンと呼ばれますが，暗号資産の基盤技術となっているブロックチェーン技術を用いた，唯一無二のトークンのことです。

　これとデジタルデータを紐づけることにより，今まで通常なら簡単にコピーできるがゆえに価値がつかなかったデジタルデータに，希少性や真正性を付与することが可能となります（デジタルデータの複製を防ぐ仕組みではありません）。

　NFTの活用例として，デジタルアートのほか，トレーディングカードやゲーム内のアイテム，コミュニティへの参加権，チケット，デジタルファッションなどがあります。

　また，ブロックチェーン上で動作するプログラムをある種の契約に見立てたものを「スマートコントラクト」といいますが，NFTの取引においては，これにより，デジタルデータが譲渡されるたびに，原作者に手数料が支払われるといった契約を作ることが可能となっています。

　なお，ブロックチェーン上でプログラムを実行する際には，「ガス代」と呼ばれる報酬も提供することになっています。

(2) NFTの仕組み

NFTは、あるデジタルデータのメタデータ（名称、内容、発行者、登録情報など）に関する情報をブロックチェーンで管理することにより、そのデジタルデータが唯一無二であることを証明する仕組みとなっています。多くのNFTは、イーサリアムのプラットフォーム上で「ERC-721」や「ERC-1155」と呼ばれる規格に基づいて発行されています。

なお、デジタルデータ自体はサイズが大きいことから、ブロックチェーンに直接記録されているわけではなく、マーケットプレイス（取引所）のサーバーやIPFSと呼ばれる分散型ストレージの一種に保存されます。

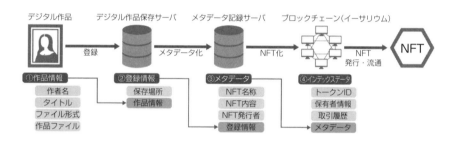

(3) NFTの法的性質

2024年6月現在、NFTを定義している条文はなく、またNFTを直接規制する法令もありません。

他方、業界団体がまとめたガイドラインにおいては、NFTが「有価証券」、「前払式支払手段」、「暗号資産」、「為替取引」に該当する可能性があることを念頭に、フローチャートとして整理し公表されています。

25

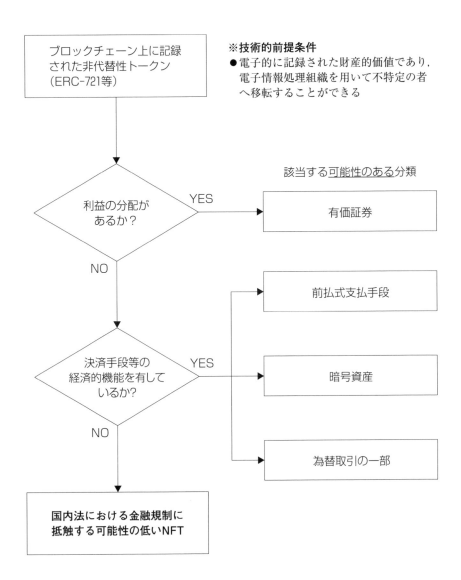

Q5 NFT

(4) NFTの譲渡と著作権

　NFTに紐づいているデジタルデータに著作権法上の創作性が認められれば,「著作物」となり著作権法上の保護を受けることになります。

　NFTを譲り受けた者が, NFTに紐づいている「著作物」たるデジタルデータを利用するためには, 著作権の譲渡（著作権法61①）を受けるか, 著作物の利用許諾（同法63②）を受ける必要がありますが, NFTが譲渡されたことにより著作権の譲渡がされたのか, または著作物の利用許諾がされたのかについては, 当事者間の合意やプラットフォームの利用規約などから個別具体的に判断することになると考えられます。

　なお, 日本の著作権法には, 著作物が転売されたときに, その転売価格から一定割合を受け取ることができる権利（追及権）は規定されていません。

Q6 メタバース

メタバースとは何ですか？

A
[回答：柳谷憲司]

一般的には，仮想的な三次元空間のことです。

(1) メタバースの概要

「メタバース」とは，メタ（Meta＝超越した）とユニバース（Universe＝宇宙）を組み合わせた造語であり，1992年にアメリカのSF作家ニール・スティーヴンスンが発表した「スノウ・クラッシュ」という小説の中で，VRゴーグルを着けて体験する仮想的な三次元空間を指す言葉として用いられたのが最初であると言われています。

現状，「メタバース」という用語についてはその意味が明確に定まっているわけではありませんが，学術的には，以下の条件を満たすものが「メタバース」と定義されています。

・3次元のシミュレーション空間（環境）を持つ。
・自己投射性のためのオブジェクト（アバター）が存在する。
・複数のアバタが，同一の3次元空間を共有することができる。
・空間内に，オブジェクト（アイテム）を創造することができる。

(2) メタバースに関連する技術

メタバースは，VR（仮想現実），MR（複合現実），AR（拡張現実）と

いった技術と深い関連性があります。

　VRはVertual Realityの略で，360度視界を覆うことでCG空間や360度画像等を現実世界のように体験できる技術のことです。MRはMix Realityの略であり，現実世界の情報をデバイスで認識させることで，現実世界にデジタル情報を重ね合わせる技術のことです。また，ARはAugment Realityの略であり，現実の世界にデジタルの情報を付加する技術のことです。

　VR，MR，ARといった技術は総称してXR（Extended Reality）と呼ばれています。メタバースとXRは同義のように見えますが，XRが自分を中心として体験することに軸足を置いているのに対して，メタバースは活動空間に複数人がいるコミュニティである点に軸足を置いている点で異なっていると言われています。

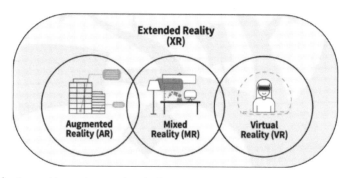

（出典）　https://www.interaction-design.org/literature/article/beyond-ar-vs-vr-what-is-the-difference-between-ar-vs-mr-vs-vr-vs-xr

(3)　メタバース発展の歴史

　メタバースは，VR技術に，オンラインゲームやSNS，オンライン会議サービスなどの要素を取り入れることにより複線的に発展してきました。

第1章　デジタル財産

1986年に「Habitat」と呼ばれるサービスが開始され，日本でも1990年に「富士通Habitat」としてサービスが開始（2010年にサービスは終了）されましたが，これがメタバースの元祖と言われています。

　パソコン通信でテキストのやりとりすら珍しい時代に，「Habitat」ではアバターを使って他の参加者とチャットなどにより交流したり，Habitat内の通貨で購入したアイテムでアバターを着飾ったり，複数の参加者と一緒にゲームをすることができました。

　2003年には「Second Life」と呼ばれるサービスが開始されました。「Second Life」は現在も続いている老舗メタバースの1つであり，アバターを使って他の参加者と交流することだけでなく，Second Life内の通貨であるリンデンドルを用いて空間内の土地などを売買できます。また，リンデンドルは米ドルと換金可能なサービスとなっています。

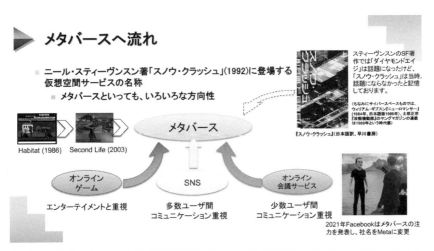

（出典）　佐藤一郎・国立情報学研究所教授の総務省情報通信法学研究会AI分科会
　　　　（令和4年度第1回，2022年6月29日）向け資料

Q6　メタバース

Q7 DeFi

DeFiとはどのようなものですか？

A　　　　　　　　　　　　　　　　　　　　　　　　　[回答：柳谷憲司]

　ブロックチェーン上に構築された新しい金融システムをDeFiといいます。DeFiの具体的な活用例としてレンディングやDEXなどがあります。

(1) DeFiの概要

　DeFiとはDecentralized Financeの略称で，ブロックチェーン上に構築された新しい金融システムのことであり，分散型金融と呼ばれるものです。明確な定義が存在するわけではありませんが，「特定の管理主体を必要としないパブリック型ブロックチェーン上で，スマートコントラクトを活用して構築・運用される暗号資産の金融サービス」とも説明されます。

　DeFiにおいては，ある条件が満たされたときに，ブロックチェーン上でプログラムを作動させ，そのプログラムや入力値，処理結果をブロックチェーンに登録することにより，特定の仲介者や管理主体を必要としない形で，金融サービスが自律的に提供されます。

　そのため，DeFiは仲介手数料等のコストが低いと言われますが，それ以外にも，①分散化が進んでいる，②オープンである，③匿名性が高い，④グローバルである，⑤自律性が高い，⑥改ざん耐性が高い，といった特徴を有しています。

　DeFiで提供される代表的なサービスとして，レンディングやDEXと

いったものがあります。

(2) レンディング

　レンディングとは，暗号資産の貸借りをスマートコントラクトにより自律的に提供するサービスです。

　代表的サービスであるCompoundでは，貸し手は暗号資産を流動性プールに差し入れ，これと引き換えに預かり証の役割を果たす「cトークン」を受領します。貸し手は，「cトークン」をCompoundに返却することにより，貸し出した暗号資産と貸出期間に応じた金利を受け取ることができます。利息や手数料は，流動性プールでの暗号資産の需給をもとにリアルタイムで自動計算されます。

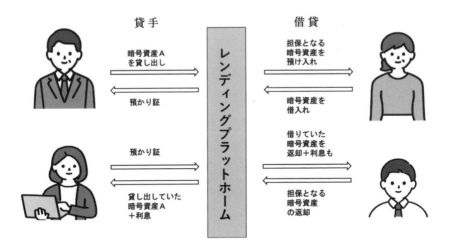

(3) DEX

DEXとは、Decentralized Exchangeの略称であり、分散型取引所と呼ばれます。DEXは、暗号資産同士を交換する取引所の機能を、スマートコントラクトにより自律的に提供するサービスです。

Uniswapと呼ばれる代表的なサービスにおいては、利用者は暗号資産がペアで存在している流動性プールに対して、暗号資産のペアを預け入れることと引き換えにLPトークンと呼ばれる預り証のようなものを受け取ります。

利用者は、LPトークンと引き換えに暗号資産のペアの返還と報酬をいつでも受けることができます。取引価格の決定や市場流動性の管理などの機能がスマートコントラクトにより実装されており、取引の成立も自動的に行われます。

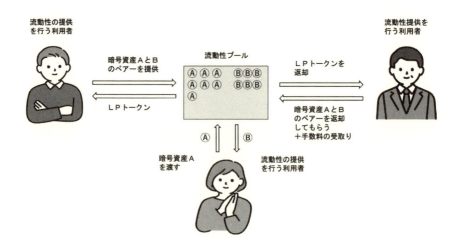

Q8 DAO

DAOとはどのようなものですか？

A　　　　　　　　　　　　　　　　　　　　　　　　　　　　[回答：柳谷憲司]

　ブロックチェーンに記録されたコード等に基づき自律的に運営されるガバナンスシステムを持つ新しい組織ガバナンスの形態のことを，「DAO（ダオ）」といいます。

(1) DAOの概要

　DAOとは，Decentralized Autonomous Organizationの略称であり，分散型自立組織と呼ばれるものです。

　DAOは，明確な定義が存在するわけではありませんが，「特定の中央管理者や階層構造を持たず，構成員・参加者によって，ブロックチェーン等の分散台帳に記録されたコード等に基づき自律的に運営されるガバナンスシステムを持つ新しい組織ガバナンスの形態のこと」と説明されます。

　組織を運営するためには，従来は中央集権的な機構やルールが必要でしたが，ブロックチェーン技術に基づくスマートコントラクトを活用することで，中央集権的な機構がなくても組織運営が可能になったとされます。

　2024年6月現在，日本においてDAOの法人化を認める制度は存在しません。

(2) 既存の組織体における整理

日本においては，法人や団体等さまざまな組織体が存在しますが，所有と経営の一致を前提とし，かつ，定款自治が比較的広く認められている合同会社がDAOの実態と比較的親和性が高いと言われています。

ただし，合同会社の規律では，合同会社の社員の氏名・名称および住所が定款記載事項となっていることなどが，機動的なDAOの設立・運営に適さないことから，DAOの特性を踏まえた規律に変更すべきであるとの提言がされています。

（どちらに該当し得るか明確な基準が現在ない）

	株式会社	❶合同会社	一般社団法人	❷権利能力無き社団	有限責任事業組合(LLP)	(民法上の)組合
法人格	あり	あり	あり	なし	なし	なし
構成員の責任	有限	有限	有限	責任なし（総有財産のみ責任財産）	有限	無限
意思決定・業務執行	間接民主的	直接民主的	間接民主的	直接民主的	直接民主的	直接民主的
対外的契約	法人名義で締結	法人名義で締結	法人名義で締結	代表者の肩書付名義で締結（構成員全員に効果帰属）	組合員の肩書付名義で締結（組合員全員に効果帰属）	組合員の肩書付名義で締結（組合員全員に効果帰属）
構成員地位の譲渡	原則株主の合意を不要	原則株主の合意が必要	原則退社は自由	加入・脱退は慣習又は規約による。	構成員の合意が必要	構成員の同意又は組合契約による
課税	法人に課税	法人に課税	法人に課税 社員への収益分配は不可	収益事業等を行うと社団に課税	構成員に課税（パススルー課税）	構成員に課税（パススルー課税）

（出典）デロイトトーマツコンサルティング合同会社「日本におけるデジタル資産・分散台帳技術の活用，事業環境整備に係る調査研究 最終報告書」109頁

なお，DAOの活用を促す観点から，トークン化された合同会社等の社員権について，一定の場合には通常の合同会社等の社員権と同等の規制とするための改正（内閣府令）が行われており，2024年4月から施行されています。

Q9 CBDC

CBDCとは何ですか？

A
[回答：柳谷憲司]

　CBDCとは，中央銀行デジタル通貨のことです。

　CBDCは，Central Bank Digital Currencyの頭文字をとったもので，中央銀行デジタル通貨と呼ばれています。CBDCは，①デジタル化されていること，②円などの法定通貨建てであること，③中央銀行の債務として発行されること，を満たすものであると言われています。

　CBDCには，金融機関間の大口の資金決済に利用することを主な目的として，中央銀行から一部の取引先に提供される「ホールセール型CBDC」と，個人や一般企業を含む幅広い主体の利用を想定した「一般利用型CBDC」の2つの形態があります。

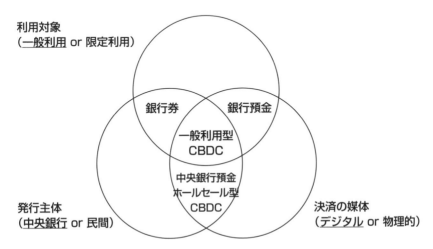

（出典）　日本銀行「中央銀行デジタル通貨に関する日本銀行の取り組み方針」（2020年10月9日）

電子マネーやQRコード決済といった民間デジタル決済手段と一般利用型CBDCの違いについて見ると，民間デジタル決済手段は，店舗によって利用可能な決済手段が異なる場合や，異なる決済手段間での送金ができない場合もありうる一方，CBDCは，誰でも，いつでも，どこでも使うことができ，決済手段として制度化される点が大きく異なります。

　もう1つの大きな違いとして，CBDCが，中央銀行（日本で言えば，日本銀行）の負債として発行され，流通する点が挙げられます。これにより，CBDCは現金と同様，利用者にとっては信用リスクなく安全に利用できるとともに，基本的に即時に決済が完了し安心して受け取ることができます[6]。

　CBDCの導入について，日本銀行は，「現時点において，そうしたデジタル通貨を発行する計画はありません」としていますが，技術的な実現可能性を検証するための実証実験を段階的，計画的に実施しています。

概念実証フェーズ1	概念実証フェーズ2	パイロット実験	
システム的な実験環境を構築しCBDCの**基本機能**（発行，流通，還収）に関する検証を行う。 → 2021年4月～2022年3月	フェーズ1で構築した実験環境にCBDCの周辺機能を付加して，その実現可能性などを検証する。 → 2022年4月～2023年3月	概念実証では検証しきれない技術的な実現可能性と，技術面・運用面の検証に有用な民間事業者の技術や知見の活用を行う。 → 2023年4月に開始	必要な場合，実験の内容や参加者の範囲を段階的に拡大する。

（出典）　日本銀行決済機構局「中央銀行デジタル通貨（CBDC）に関する日本銀行の取り組み」（2023年4月）

6　財務省「CBDC（中央銀行デジタル通貨）に関する有識者会議取りまとめ」（2023年12月13日）

Q10 CARF

非居住者に係る暗号資産等取引情報の自動的交換のための報告制度とはどのようなものですか？

A　　　　　　　　　　　　　　　　　　　　　　　　　　［回答：柳谷憲司］

　非居住者の暗号資産に係る情報を各国間で共有する制度です。

　OECD（経済協力開発機構）は，2014年，外国の金融機関を通じた国際的な脱税および租税回避に対処するため，非居住者に係る金融口座情報を各国税務当局間で自動的に交換するための共通報告基準（以下「CRS」といいます）を策定しました。これを受けて，日本では平成27年（2015年）度税制改正において，CRSに従った情報交換を実施するための法制度が整備されました。

　CRSの実施により，国際的な税の透明性が向上したとされますが，暗号資産のほとんどはCRSの適用範囲に含まれないことや，違法な活動や脱税に利用されるリスクがあることが指摘されていました。そのため，OECDは，2022年に，暗号資産取引に関する情報収集と自動的な交換を確保することを目的とした暗号資産報告フレームワーク（以下「CARF」といいます）を策定・公表し，2023年に開催されたG20財務大臣・中央銀行総裁会議において，CARFの迅速な実施を求めることが合意されました。

　このような経緯から，令和6年（2024年）度税制改正において，CARFに基づき非居住者に係る暗号資産等の取引情報を自動的に交換するための報告制度が整備されました。

　この報告制度は，2026年1月1日から施行され，2023年11月現在，48か国・地域が参加を予定しています[7]。

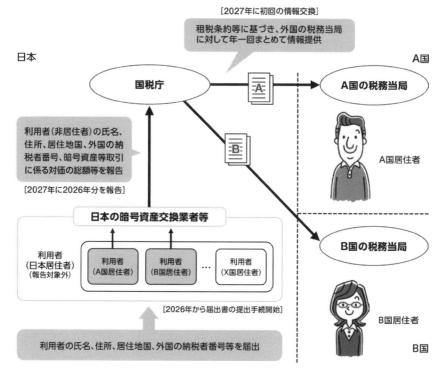

(出典）財務省「令和6年度税制改正」10頁（2024年3月発行）

根拠法令等：外国居住者等の所得に対する相互主義による所得税等の非課税等に関する法律41条の3

7　財務省「暗号資産等報告枠組みの実施に向けた共同声明」（2023年11月10日）

第1章　デジタル財産

第 2 章
所 得 税

Q11　暗号資産で生じる所得税①

暗号資産をステーキングにより定期的に取得した場合，収入金額はどのように計算しますか？

A

[回答：柳谷憲司]

　ステーキングにより暗号資産を取得した場合，その取得した暗号資産の取得時点の価額（時価）が収入金額となり，その計算は外貨建取引の円換算に準じて行うことになると考えられます。

(1)　外貨換算と暗号資産の関係

　国税庁が公表している情報によると，ステーキングにより暗号資産を取得した場合，その取得した暗号資産の取得時点の価額（時価）については所得の金額の計算上総収入金額に算入されることになるとされています[8]。暗号資産は金銭でないことから取得時点の価額（時価）を算定する必要がありますが，原則はステーキングにより暗号資産を取得した時点のレートで換算し価額を算出することになると考えられます。

　ところで，暗号資産の譲渡による所得は，一般的に譲渡所得には該当せず雑所得に該当するものとして取り扱われています。その理由については，国税当局から国会で以下のような答弁[9]がされています。

8　2023年12月25日付課税総括課情報第14号ほか5課共同「暗号資産に関する税務上の取扱い（情報）」問1-6

9　2019年3月20日に開会された第198回国会参議院財政金融委員会における星野次彦主税局長の答弁

> 　暗号資産は資金決済法上，代価の弁済のために不特定の者に対して使用することができる財産的価値と規定されております。消費税法上も，支払手段に類するものとされているところでございます。こうした現行法令を踏まえれば，暗号資産につきましては，<u>外国通貨と同様に本邦通貨との相対的な関係の中で換算上のレートが変動することはあっても，それ自体が価値の尺度とされており</u>，資産の価値の増加益を観念することは困難と考えております。〔下線筆者〕

　また，上記国税庁の情報には，相続や贈与により取得した暗号資産の評価方法について，「活発な市場が存在する暗号資産については，活発な取引が行われることによって一定の相場が成立し，客観的な交換価値が明らかとなっていることから，<u>外国通貨に準じて</u>，……評価します」〔下線筆者〕と記載されています[10]。

　これからすると，暗号資産を外国通貨と同様に，それ自体が価値の尺度であると考え，暗号資産を取得した時点のレートで換算する際には，外貨換算の定めに準じて行うことができるのではないかと考えます。

(2) 暗号資産の換算

　不動産所得，事業所得，山林所得または雑所得を生ずべき業務に係る所得の金額（以下「不動産所得等の金額」といいます）の計算においては，継続適用を条件として，外貨建取引の内容に応じてそれぞれ合理的と認められる次のような外国為替の売買相場も使用することができる旨が，所得税基本通達には定められています[11]。

10　前掲注8・問4-2
11　所基通57の3-2（注）2

Q11　暗号資産で生じる所得税①

> - 取引日の属する月若しくは週の前月若しくは前週の末日又は当月若しくは当週の初日の電信買相場若しくは電信売相場又はこれらの日における電信売買相場の仲値
> - 取引日の属する月の前月又は前週の平均相場のように1月以内の一定期間における電信売買相場の仲値、電信買相場又は電信売相場の平均値

　この定めは、不動産所得等に係る外貨建取引の換算においては、取引の発生した日における為替レートのほか、合理的な基礎に基づいて算定された平均相場や取引が発生した日の直近の一定の日の為替レートを用いることができることを明らかにしたものとされますが、外貨建取引等会計処理基準注解2と同様の立場をとるものと思われます[12]。

　暗号資産の取引は休みなく常時行われていることから、株式市場や為替市場のような「終値」が存在しませんが、通達に準じて暗号資産を換算する場合は、継続的に記録されている一日の一定の時刻の価格などに基づいて換算することになると考えられます。

根拠法令等：所法57条の3，所基通57の3-2（注）2

（監修：長島　弘）

---

[12] 外貨建取引等会計処理基準注解2は「取引発生時の為替相場としては、取引が発生した日における直物為替相場又は合理的な基礎に基づいて算定された平均相場、例えば取引の行われた月又は週の前月又は前週の直物為替相場を平均したもの等、直近の一定期間の直物為替相場に基づいて算出されたものによる。ただし、取引が発生した日の直近の一定の日における直物為替相場、例えば取引の行われた月若しくは週の前月若しくは前週の末日又は当月若しくは当週の初日の直物為替相場によることも妨げない。」と定めている。

第2章　所　得　税

Q12 暗号資産で生じる所得税②

個人が暗号資産の誤送付を受けた場合とその暗号資産を譲渡した場合の所得税の課税関係について教えてください。

A
[回答：柳谷憲司]

個人が暗号資産の誤送付を受けた場合は，当該暗号資産を管理支配していると評価される場合は一時所得となり，その暗号資産を譲渡した場合は，雑所得として一時所得の収入金額に相当する金額を必要経費に算入することになると考えられます。

(1) 暗号資産の誤送付を受けた場合の課税関係

暗号資産を送付するとき，通常は，送付先のウォレットアドレスやチェーンタイプ，数量等を入力することにより送付します。このとき，ウォレットアドレスを誤って入力したり，誤ったチェーンタイプを選択して暗号資産の送付を実行することにより，誤送付が発生することがあります。

ウォレットアドレスとそのウォレットの保有者を結びつける情報はブロックチェーンには記録されていないことから，多くの場合において，暗号資産の送付者が受領者を特定し返還を求めることは事実上困難であると考えられます。

このような状況の下で，暗号資産の誤送付を受けた受領者が送付者に当該暗号資産を返還した場合は，課税関係は生じないと考えられます。他方で，暗号資産を遺失物として警察に提出することや，供託所に供託することによって返還するといったことは実務上困難であると考えられ

ることから，暗号資産の受領者が送付者に返還する意思があるにもかかわらずそれができないという場合や，ウォレットの秘密鍵を紛失してしまったという場合もあると考えられます。そのような場合に，誤送付を受けた暗号資産が収入金額となりうるのかが問題になると思われます。

この点，所得税法上「収入すべき金額」は，原則として権利確定主義により収入時期を判断すべきとされ，例外的に利得が納税者のコントロールの下に入ったかという管理支配基準を適用して判断すると解されています。

しかし，暗号資産は有体物ではないことから物権の客体である「物」ではなく，特定の者に対する債権にも該当しないという法的性質からすると，権利確定主義により収入を計上することは困難であり，管理支配基準により収入計上時期を判断せざるを得ないと考えられます。

誤送付を受けた暗号資産の受領者が，どのような場合に当該暗号資産を管理支配していたと評価できるかについては，裁判例・裁決例はもとより，国税庁から発出されている情報にも掲載がないため参考になるものがありません。ただ，少なくとも，誤送付を受けた暗号資産の受領者が当該暗号資産を第三者に売却した場合については，当該受領者が当該暗号資産を管理支配していたと評価されうると考えられることから，収入金額に計上すべきであると考えます。

そして，当該暗号資産に取引相場が存在し，価値を有しているのであれば，臨時的・偶発的な所得を得たことになることから，当該暗号資産の価額を収入金額として，一時所得として課税されることになると考えます。

なお，収入金額に計上する時期については，事実関係により，暗号資産の誤送付を受けた時点や暗号資産を第三者に売却した直前などが考えられます。

第2章 所得税

(2) 誤送付を受けた暗号資産を譲渡した場合の課税関係

　暗号資産は，資産ではあるものの，譲渡所得の起因となる資産には該当しないことから，その譲渡による所得は一般的には譲渡所得には該当せず，雑所得に該当するとされています。

　雑所得に区分されるとした場合，必要経費となる暗号資産の価額をいくらとすべきかが問題となると思われます。期末の暗号資産の評価額を総平均法で評価するにしても移動平均法で評価するにしても，評価額の計算の基礎となる取得価額は，暗号資産を購入した場合および自己が発行することにより取得した場合以外は，「その取得の時におけるその暗号資産の取得のために通常要する価額」によることとされています。

　仮に，その年中に誤送付を受けた暗号資産のみを譲渡した場合，「その取得の時におけるその暗号資産の取得のために通常要する価額」は，管理支配した時点の暗号資産の価額（一時所得の収入金額）になると考えられることから，当該価額に相当する金額が必要経費になると考えられます。

根拠法令等：所法34・35・36・37条，所令119条の6第1項3号

（監修：長島　弘）

Q13 外国預金の為替差益の計上の必要性

　Y銀行に米ドル建てで預け入れていた定期預金1万ドルが満期となったため、満期日に全額を払い出し、同日、この元本部分1万ドルを別銀行のZ銀行に預け入れました。この場合、Z銀行に預け入れた時点での為替レートで為替差益を所得として認識する必要はありますか？

　預入時のレート・・・1ドル＝110円
　払出時のレート・・・1ドル＝150円
　為替差益・・・（150円－110円）×1万ドル＝40万円

A
[回答：藤田益浩]

　この問い合わせは、Y銀行に米ドル建てで預け入れていた定期預金1万ドルが満期となり、満期日に全額払い出した後、同日中にその元本1万ドルをZ銀行に預け入れた際の為替差益の扱いに関するものです。預入時の為替レートが1ドル＝110円、払出時のレートが1ドル＝150円であったため、計算上の為替差益は40万円（（150円－110円）×1万ドル）となります。

　ここで、所得税法57条の3第1項に基づくと、外貨建取引の円換算額は、その外貨建取引を行った時点の外国為替の売買相場によって換算されることが定められています。

　しかし、所得税法施行令167条の6第2項によれば、外国通貨で表示された預貯金の契約に基づく預入れが、同一の金融機関において、同一の外国通貨で行われる場合、これは前述の外貨建取引に該当しないとされています。

　したがって、外貨建預貯金として預け入れていた元本部分の金銭につ

いて，同一の金融機関に，同一の外国通貨で，継続して預け入れる場合，この預入れは外貨建取引に該当しないため，元本部分に係る為替差損益が認識されることはありません。

　これは，所得税法施行令167条の6第2項の規定が，外貨建預貯金の預入れおよび払出しが行われたとしても，同一の外国通貨であれば，その金額に増減が生じず，実質的に外国通貨を保有し続けている場合と同様であると考えられるためです。

　結論として，本件預金の預入れおよび払出しは，他の金融機関に預け入れる場合であっても，同一の外国通貨で行われる限り，その預入れ・払出しは所得税法施行令第167条の6第2項で規定される外貨建預貯金の預入れに類するものと解されるため，所得税法57条の3第1項に定める外貨建取引には該当せず，為替差損益を認識する必要はないと考えられます。

根拠法令等：所法57条の3第1項，所令167条の6第2項

（監修：長島　弘）

Q14 特定の事業用資産の買換え特例

私は，先祖から受け継いだ畑を本年中に売却し，その資金を元手に翌年以降に他の所有地にアパートを建設することを考えています。この場合，税務上譲渡所得による納税で留意することはありますか？

なお，アパートの建設は，昨今の新型感染症による行動制限の影響もあり，工期が伸びる可能性があります。

A

[回答：市原　守]

特定の事業用資産の買換え特例の適用が認められるケースでは，譲渡対価の額と同程度の額の買換資産を取得した場合で，譲渡対価の額の20％～30％相当額に対して課税が行われる一方で，譲渡対価の額の70％～80％相当額は課税が繰り延べられます（措法37）。ご質問の場合には，この制度の適用にあたり以下の点に留意する必要があります。

まず本特例は，事業の用に供している資産が対象となります。今回のケースでそれを証明するためには，あなたが農業所得の申告を行っていることや各市町村の農業委員会から対象地が農地基本台帳に記載されていることなどを証明してもらう方法が考えられます。

また買換資産は，原則として，資産を譲渡した年の前年中，譲渡資産を譲渡した年または譲渡した年の翌年中に取得しなければならないこととされています。

よって本年の確定申告では，譲渡した年の年末までに実際に買換資産を取得していないことになるので，本特例の譲渡所得の申告においては取得価格の見積額に基づいて申告することになります。この場合には，確定申告書に本件特例を適用する旨を記載し，買換資産の取得予定年月日および取得の見積額に関する「買換（代替）資産の明細書」を添付す

る必要があります。

　そして買換資産の実際の取得価額がその見積額を上回った場合には，買換資産の取得をした日から4か月以内に納税地の所轄税務署長に更正の請求を行うことができます（措法37の2②）。一方でその見積額が下回った場合その他一定の場合には，買換資産の取得期限から4か月以内に修正申告をしなければなりません（措法37の2①②）。

　さらに，やむを得ない事情が生じたため買換資産を翌年中に取得できないこととなった場合には，当該期限までに「やむを得ない事情がある場合の買換資産の取得期限承認申請書」を提出することで買換資産の取得期限の延長が認められる可能性があります（措法37③④かっこ書き）。

根拠法令等：所法33条，措法37条，37条の2第1項・2項，37条3項・4項かっこ書き

（監修：秋山高善）

Q15 相続により取得した非上場株式を発行会社に譲渡した場合の特例

「相続により取得した非上場株式をその発行会社に譲渡した場合の課税の特例」について質問があります。通常，個人が発行会社に非上場株式を譲渡した場合は，譲渡代金のうち対応する資本金等の額を超える部分の金額はみなし配当とされ，総合課税の対象になりますが，相続により取得した株式については，譲渡代金の全額が株式の譲渡収入とみなされると聞きました。私と母が亡父の経営していた会社の非上場株式を取得し，この制度を利用したいと思いますが，注意点をご教示ください。

A

[回答：横田 茂]

ご照会のとおり，以下の要件を満たした場合，相続により取得した株式については，株式の譲渡収入とされ，譲渡所得金額の15％に相当する金額の所得税（復興所得税込で15.315％）と5％に相当する地方税が課税されます。

① 相続または遺贈により財産を取得して相続税を課税された人であること。お母様は，配偶者の相続税額の軽減制度を利用していると1億6千万円，またはお母様の法定相続分相当額までは相続税はかかりませんので，お母様が相続税を納税しているかどうかを確認する必要があります。

② 譲渡する場合の税務上の時価は，実務上は所得税基本通達59－6による所得税法上の時価になります。相続税法上の時価とは異なります。

③　相続の開始があった日の翌日から相続税の申告書の提出期限の翌日以降3年を経過する日までの間に譲渡する必要があります。

④　譲渡する時までに,「相続財産に係る非上場株式をその発行会社に譲渡した場合のみなし配当課税の特例に関する届出書」を発行会社に提出する必要があります。

⑤　発行会社は,受け取った届出書を翌年1月31日までに所轄税務署長に提出します。

根拠法令等：措法9条の7,　措令5条の2,　所法25条,　所基通59-6

（監修：秋山高善）

Q16 中心的な同族株主に該当しない同族株主からの自己株式買取時の留意点

　同族株主（議決権比率7％，中心的な同族株主に非該当，他に中心的な同族株主あり）から保有する自社株式を買い取ってほしいとの申し出があります。当社が自己株式として当該株式を取得する予定ですが，当社は大会社に該当するため財産評価基本通達上の株価は類似業種比準価額になります。この場合類似業種比準価額で株式を買い取って大丈夫でしょうか？

A
[回答：横田　茂]

　個人株主が譲渡する場合の税務上の時価は，実務上は所得税基本通達59-6による所得税法上の時価になります。ご質問のような中心的な同族株主に該当しない同族株主の株価は，具体的には，類似業種比準価額になります。したがって，類似業種比準価額で買い取って大丈夫です。なお，その際の注意点には，以下があります。

① 　所得税基本通達59-6(2)では，当該株式を譲渡した個人が，当該譲渡直前に当該株式の発行会社にとって「中心的な同族株主」に該当するときは，当該発行会社は常に財産評価基本通達178に定める「小会社」に該当するものとしてその例によることとされています。
　　したがって，ご照会いただいているような譲渡する個人株主が「中心的な同族株主」に該当しない場合は，通常どおり会社規模の判定を行うことになります。

② 　貴社は大会社に該当するため，株価は類似業種比準価額もしくは純

資産価額のいずれか低いほうが所得税法上の時価になります。通常は，類似業種比準価額＜純資産価額となっていることがほとんどだと思われます。

③　なお，純資産価額の計算にあたっては，所得税基本通達59－6(3)により，貴社が土地（土地の上に存する権利を含みます）または金融商品取引所に上場されている有価証券を有しているときは，これらの資産については，当該譲渡の時における価額により評価することになります。

加えて，所得税基本通達59-6(4)により，財産評価基本通達186-2により計算した評価差額に対する法人税額等に相当する金額は控除しないことになっています。

根拠法令等：所基通59－6，財基通178〜189-7

（監修：秋山高善）

Q16　中心的な同族株主に該当しない同族株主からの自己株式買取時の留意点

Q17 代物弁済により取得した土地の取得費

貸金業を営むAは，Bに対して代物弁済を有していたところ，Bは返済できなくなったため，Aは代物弁済により債務者Bの土地を取得することになりました。そこで，当該土地の取得費は債権金額によるのか，それとも当該土地の時価とするものか教えてください。

A

[回答：吉田啓治]

当該土地の時価をもって取得費とします。

代物弁済に関しては，民法482条に「弁済をすることができる者（以下「弁済者」という）が，債権者との間で，債務者の負担した給付に代えて他の給付をすることにより債務を消滅させる旨の契約をした場合において，その弁済者が当該他の給付をしたときは，その給付は，弁済と同一の効力を有する。」と規定されています。

代物弁済により取得した土地の取得費について，所得税法38条1項では「譲渡所得の金額の計算上控除する資産の取得費は，別段の定めがあるものを除き，その資産の取得に要した金額並びに設備費及び改良費の額の合計額とする。」と規定されています。

所得税法38条1項の規定によれば，土地の取得費は代物弁済により消滅した債権の価額となると考えられます。国税庁の質疑応答事例において「債権400万円の代物弁済として時価100万円の土地を取得し，債権400万円全部を消滅させた（債務者に弁済能力はありません）。今回，この土地を売却することになったが，この土地の取得費は400万円でよいか」という質問に対し回答要旨では，この土地の取得費は時価100万円となる。残余300万円は，債権者がその債務を免除したものとなり，貸倒損失として処理すべきものと回答しています。

時価と債権金額とで大幅な乖離がみられるため国税庁は，土地の取得費を時価で評価しています。

この件について，国税不服審判所の昭和61年8月13日裁決では，

「代物弁済により資産を取得した場合においては，その弁済により消滅した債権の額を対価としてその資産を取得したことになるのであるから，この限りにおいては，その消滅した債権の額がその資産の取得に要した金額となる。

しかしながら，代物弁済により消滅した貸付金債権の額がその代物弁済により取得した資産の価額を大幅に超えることとなる場合において，その超える部分の金額について債権者がその弁済を求めないこととしたときは，当事者の認識又は契約にかかわらず，その超える部分の金額についてその債務を免除し又は債務の弁済が不能であると判断したものと解すべきであるから，これに当たる部分の金額には資産の取得費性はなく，したがって代物弁済により取得した資産の取得に要した金額とはならないことになる。」

とあります。

上記国税不服審判所の判断は，原則，代物弁済により取得した資産の取得価額は，その消滅した債権の額になりますが，債権の額が取得した資産の時価相当額を著しく超える場合には，時価をもって資産の取得価額となすとする判断です。必ず，時価の判定を試みる必要があるものと思われます。

根拠法令等：民法482条，所法38条1項，国税庁質疑応答事例，昭和61年8月13日裁決（国税不服審判所裁決事例集No.32-59頁）

（監修：秋山高善）

Q17　代物弁済により取得した土地の取得費

Q18 税理士による顧問先企業への貸付金は貸倒損失として計上できるか

　A税理士事務所は，新型コロナウイルスの影響により，資金繰りに苦労していた顧問先であるB社に百数十万円を貸し付けていました。その後，一部の返済を受けましたが，当該B社は倒産してしまいました。残額については，税理士の事業所得の金額の計算上，必要経費として算入することができますか？

A
[回答：吉田啓治]

　税理士の事業所得の計算上必要経費として算入することはできません。

　所得税法51条2項（資産損失の必要経費算入）では，「居住者の営む不動産所得，事業所得又は山林所得を生ずべき事業について，その事業の遂行上生じた売掛金，貸付金，前渡金その他これらに準ずる債権の貸倒れその他政令で定める事由により生じた損失の金額は，その者のその損失の生じた日の属する年分の不動産所得の金額，事業所得の金額又は山林所得の金額の計算上，必要経費に算入する。」と規定されています。

　この規定から判断すると，税理士の事業所得の金額の計算上顧問先への貸付金に関わる損失は，所得金額の計算上必要経費として計上可能ではないのかと考えられます。

　この事案に参考となる国税不服審判所の平成17年2月23日裁決の事例があります。

　審査請求人である税理士は，顧問先である会社に平成13年及び平成14年の末日現在3,000万円の貸付を有していました。当該顧問先は，平成14年に地方裁判所から破産宣告を受けています。請求人は，事業所得の計算上，貸倒引当金として平成13年は165万円を，平成14年は1,055万円

第2章　所 得 税

を必要経費として計上しました。

　この申告に対し，課税庁は更正処分を行いました。その理由として，貸倒引当金の対象となる貸付金等は，その業種業態からみて，業務の遂行上通常一般的に必要であると客観的に認めうるもの，換言すれば，当該事業による収入との間に因果関係の認められる貸付金等をいうものであり，税理士業務の収入との間に因果関係は認められないと主張するものでした。

　国税不服審判所の裁決では，所得税法52条2項は，『貸倒引当金勘定に繰り入れた金額については，その者のその年分の事業所得の金額の計算上必要経費に算入する』旨規定しているが，ここにいう『業務の遂行上生じた貸付金』とは，当該事業の遂行と何らかの関連を有する限りの貸付金のすべてをいうものではなく，その業種業態からみて，当該事業所得を得るために通常必要であると客観的に認めうる貸付金をいうものと解されます。

　また，税理士法2条は，税理士は租税に関し税務代理，税務書類の作成，税務相談等の人的役務を関与先に提供し，報酬を得ることを業とする旨規定しています。よって，税理士の業務の範囲に金銭を貸し付ける行為が含まれないことは明らかであるとして本件更正処分は適法であるとして請求人の審査請求を棄却しました。

　上記の国税不服審判所の判断から，税理士の業務の範囲には金銭を貸し付ける行為が含まれないとして，事業所得の計算上必要経費に算入することはできないとするものです。

根拠法令等：所法51条2項，52条2項，平成17年2月23日裁決（国税不服審判所裁決事例集No.69-79頁），税理士法2条

（監修：秋山高善）

Q18　税理士による顧問先企業への貸付金は貸倒損失として計上できるか

Q19　譲渡した土地の取得価格が不明の場合

　甲の父親乙は，昭和47年に都内のJR中央線の駅から徒歩15分のところに所在する居住用の土地（120㎡），および，家屋（49.5㎡）を購入し，賃貸物件として所有していました。

　令和3年10月に乙が死亡したことにより，当該不動産を甲が取得しましたが，令和3年12月に当該不動産を不動産会社丙に2千万円で売却しました。また，当該不動産の売買契約に要した譲渡費用は，百万円でした。

　しかし，昭和47年に購入当時の売買契約書は存在していませんでした。令和4年に譲渡所得税の申告を行う必要がありますが，譲渡した不動産の取得費は，どのように計算すればよいでしょうか？

A

[回答：前田公彦]

　土地や建物などの不動産を譲渡すると，原則として，譲渡所得税がかかりますが，譲渡所得の金額は下記の式により算出されます。

譲渡所得の金額＝
**　不動産（土地）を譲渡した価格－（取得費＋譲渡費用）－特別控除額**[13]

　譲渡した不動産価格は，取得時の売買契約書によって明らかになります。しかしながら，譲渡した不動産（土地・建物）が先祖伝来のものであるとか，取得した時期が相当に古いなどのため，売買価格を証する売買契約書がないなどの場合，結果として取得費が不明であることから，

13　特別控除額とは，不動産を売却する際に控除されるものであり，マイホームを売却する際の3,000万円の特別控除や10年超所有軽減税率の特例，買替え特例などがあります。

第2章　所　得　税

所得税法38条，及び61条の規定にかかわらず，譲渡した価格の5％を取得費とみなして譲渡所得の金額を計算することができます（措法31の4，4-1）。

　この概算取得費の特例を適用した場合，過分の譲渡所得税（譲渡所得の20.315％）が賦課されることになります。納税者の立場からは，5％の概算取得費の特例に代わる，より有利な方法が望まれます。より有利な選択可能な他の方法として，以下の3つの方法があげられます。すなわち，

① 市街地価格指数を適用して，取得年度の取得費を算出する方法
② 国税庁が発表した過年度の路線価図を国会図書館等で検索し，路線価方式で算出する方法
③ 不動産鑑定士の鑑定意見書により取得費を評価する方法

の3つの代替方法があります。当該ケースでは，客観性を重視して，①および②の方法を併用適用することで，市街地価格指数法による評価に合理性があることが認められます。

(1) 市街地価格指数法により，取得費を評価する方法

　一般社団法人日本不動産研究所は，毎年度の3月末時点および9月末時点における全国の市街地における価格指数と各年度の相対的な価格指数を提示しています。これは，評価の基準年度（直近の年度）における3月末時点，もしくは9月末時点における価格指数と評価対象となる過年度（取得年度）の価格指数との比率を用いて，取得費を算定する方法が採られています。

　お尋ねの事案では，東京都内のJR中央線の駅から徒歩で15分ほどの

Q19　譲渡した土地の取得価格が不明の場合

住宅地でした。この条件を，市街地区分のうち「六大都市市街地価格指数」を適用し，令和3年9月末の価格指数を100とした場合の昭和47年9月末時点の価格指数を求めたところ37.2でした。

(2) 取得年度の路線価図を用いて取得費を算出する方法

　国税庁が作成した路線価図は，各税務署において7年間保管されていますが，本事例の場合，税務署での保管期間を過ぎていることから，国立国会図書館に8ミリフィルムで保管されている昭和47年当時の路線価図を借り出して，評価対象地の路線価図から170千円/㎡であることを確認しました。

　一方，令和3年7月における評価対象地の路線価は，450千円/㎡であり，その比率は37.8（≒170÷450×100％）です。

　以上の(1)および(2)を踏まえて，六大都市市街地価格指数の37.2は，妥当な価格指数であると判断されます。そこで以下の計算式により，昭和47年度における取得費を算出したものであり，六大都市市街地価格指数の適用が妥当であることを明らかにしました。

取得費＝譲渡価格2千万円×37.2％＝7,440千円
譲渡費用＝1,000千円
譲渡所得＝譲渡価格2千万円－(取得価格7,440千円＋
　　　　　譲渡費用1,000千円)
　　　　＝11,560千円
譲渡所得税＝11,560千円×20.315％
　　　　　＝2,348,414円

　この金額を5％の概算取得費（1,000千円＝2千万円×5％）の基準を

適用した場合と比較すると,

譲渡所得＝譲渡価格2千万円－(取得費1,000千円＋
　　　　　譲渡費用1,000千円)
　　　　＝18,000千円
譲渡所得税＝18,000千円×20.315%
　　　　　＝3,656,700円

したがって，市街地価格指数の方法を適用することによって期待される納税額は，1,308,286円（3,656,700円－2,348,414円）減少することになります。

根拠法令等：措法31条の4および4-1

Q19　譲渡した土地の取得価格が不明の場合

Q20 大正10年に取得した土地の売買契約書や領収書が無い場合の土地の譲渡所得

　A氏所有の池袋の土地180㎡が一種再開発事業に伴い，池袋市街地再開発組合の理事長から買取依頼があり，A氏はそれに同意しました。本件土地はA氏の祖父が大正10年の売買により取得し，相続によりA氏が所有した物件であり，その当時の領収書がありません。この場合，この物件の取得費と譲渡所得の算出はどう考えたらよいでしょうか？
　また賃貸物件である当該土地は，権利変換を受けず，今後は賃貸を継続しないことで考えています。この場合，譲渡所得の5,000万円の特別控除が適用できるでしょうか？

A

[回答：田中敏行]

譲渡所得の金額は以下の算式で求められます。

譲渡所得の金額＝
　①総収入金額－（②取得費＋譲渡費用）－③特別控除額

　②の土地の取得費について，本件では全部事項証明書から大正10年に移転登記されていましたが，その時の領収書を見出すことができませんでした。領収書が不明の場合には，以下の資料があれば検討できますが，当該資料も不明でした。

- ●購入当時の預金通帳やメモから売主に払った金額
- ●不動産購入時のローン（登記簿謄本に借入金額）

- 売主や仲介業者の取引記録（不動産業者には宅建業法で帳簿の備付け義務がある）
- 相続の場合，遺産分割協議書及び不動産の相続税評価額
- 新築マンションの場合，分譲当時のパンフレット等

また，取得費が不明の場合には以下が検討されますが，それらを調査したところ，大正10年の地価の算定は難しいという結論に至り，下記①を適用しました（土地の取得費算出については，Q19も参照）。

① 売却価額の5％相当額を取得費とみなす（措法31条の4）
② 市街地価格指数（六大都市における）
③ 取引事例

> 取得時期の路線価を入手し，不動産鑑定士に依頼して，これに近い時期の取引事例等の比較及び当時の周辺の土地の取得費の推移を検討し，客観的な当時の該当区域の土地の取得費の算定を行う方法

市街地価格指数は当時の日本勧業銀行が昭和11年に，また昭和30年からは日本不動産研究所が公表，地価公示は昭和45年（国土交通省）から公表されていましたが，固定資産税は無く（都税事務所），また主税局統計年報表によると大正10年の有租地表には東京都の平均が公表されているが，池袋などの個別地域の記載は無いということでした。

したがって，大正10年の土地の取得費については，租税特別措置法31条の4「個人が昭和二十七年十二月三十一日以前から引き続き所有していた土地等又は建物等を譲渡した場合における長期譲渡所得の金額の計算上収入金額から控除する所得費は，…当該収入金額の百分の五に相当する金額とする。」を適用し算出することにしました。

Q20　大正10年に取得した土地の売買契約書や領収書が無い場合の土地の譲渡所得

さらに，収用等により資産が買い取られた場合の5,000万円の特別控除の特例について租税特別措置法33条の4を検討しました。A氏は，都市開発法71条1項の権利変換を希望せず，自己の有する宅地，借地権もしくは建築物に代えて金銭の給付を希望しています。租税特別措置法33条1項3の2号では「資産につき都市開発法による第一種市街地再開発事業が施行された場合において，当該資産に係る権利交換により同法第91条の規定による補償金（…及びやむを得ない事情により同法71条第1項又は第3項の申出をしたと認められる場合として政令で定められる場合における当該申出に基づき支払われるものに限る。）を取得するとき。」とされています。

　つまり，当規定では，転出する場合に権利変換を受けない旨の申し出を行って5,000万円の特例を申請する場合でも，やむを得ない事情により転出していることが必要とされます。

　したがってやむを得ない事情について，本件に当てはまると思われる租税特別措置法施行令22条11項4号の規定「第二号の施行地区内において住居を有し，若しくは事業を営む申出人又はその者と住居及び生計を一にしている者が老齢又は身体上の障害のため施設建築物において生活し，又は事業を営むことが困難となる場合」を検討しましたが，A氏は居住の実態が無いことから措置法33条の4の適用ができないとしました。

根拠法令等：都市開発法71条1項，措法31条の4・33条1項3の2号・
**　　　　　　33条の4，措令22条11項4号**

Q21　土地の収用による軽減税率の特例適用申告後の建替え特例の適用の可否

　土地の収用により軽減税率の特例を適用してすでに申告を済ませましたが，アパートの建替え計画がスムーズに展開しており，見積もりが出て請負契約の締結まで運びそうです。
　昨年末は，まだ建替えまでには時間がかかると思っていたのですが，このように順調に進むのであれば，建替えの特例を使えばよかったと反省しております。今からでも建替えの特例の申請を検討することはできないでしょうか？

A

[回答：田中敏行]

　できません。
　国税通則法23条1項1号の規定に「納税申告書を提出した者は，当該申告書に記載した課税標準等若しくは税額等の計算が国税に関する法律の規定に従っていなかったこと又は当該計算に誤りがあったことにより，当該申告書の提出により納付すべき税額が過大であるときには，当該申告書に係る国税の法定申告期限から5年以内に限り，税務署長に対し，更正の請求をすることができる」とされています。
　今回の譲渡所得における申告に際し，収用等による土地の売却であり，措置法31条の2及び同法33条の規定を検討し，措置法31条の2の軽減税率の特例の適用要件に該当するという判断で，同特例を選択し，適正に申告をしたことになり，上記国税通則法23条1項1号の規定を解釈しますと，難しいという判断になります。

根拠法令等：国通法23条1項1号，措法31条・31条の2・33条

Q22 夫を配偶者控除として適用できるか

私の夫は個人事業主です。私は青色事業専従者として夫の事業から給与の支払いを受けています。ところが売上の減少により，夫の事業がマイナスの所得となってしまいました。夫には他の所得はありません。私の夫を配偶者控除として確定申告を行って，所得税の還付を受けることは可能でしょうか？

A

[回答：吉田啓治]

夫をあなたの配偶者控除とすることは可能です。

配偶者控除は，納税者が，その年の12月31日現在で控除対象配偶者を有する場合でも，納税者本人の合計所得金額が1,000万円を超える場合は適用されません（所法83）。なお，納税者本人の合計所得金額が1,000万円以下の場合には，納税者本人の合計所得金額に応じ，配偶者控除として総所得金額等から控除することができます。

所得税法83条の2では，納税者が生計を一にする配偶者で控除配偶者に該当しない場合には，納税者と配偶者の合計所得金額に応じて配偶者特別控除として総所得金額等から控除することができます。

所得税法2条1項33号では，同一生計配偶者はその年12月31日時点において「居住者の配偶者で，その居住者と生計を一にするもの（青色事業専従者で給与の支払いを受けるもの，及び白色申告者の事業専従者に該当するものを除く）のうち合計所得金額が48万以下である者をいう」と規定されています。

さらに，同法2条1項33号の2では控除対象配偶者として「同一生計配偶者のうち合計所得金額が1,000万円以下である居住者の配偶者をい

う」と規定されています。

　ところで青色事業専従者給与となるためには，所得税法57条で規定されているように必要事項を記載した書類を納税地の所轄税務署長に提出しなければならないとされています。
　夫の立場から考えると，青色事業専従者である妻を控除対象配偶者とすることはできませんが，妻である青色事業専従者は事業主より給与の支払いを受けているため，他の従業者と同様，給与所得者となり通常，年末調整によりその給与に係る納税は完了します。
　この事例のように配偶者の所得が，上記の要件に合致すれば青色事業専従者であるとはいえ，事業主の所得につき，他の所得がない場合は配偶者控除の適用は可能です。

根拠法令等：所法2条1項33号，83条の2，57条1項・2項

（監修：秋山高善）

第3章

相続税

Q23 マンション敷地に地積規模の大きな宅地の評価減は適用可能か

平成29年まで500㎡以上の土地等を所有する地主等にしか縁のなかった「広大地の評価」が、財産評価基本通達の改正により「地積規模の大きな宅地の評価」となりました。この特例はマンション敷地についても適用があるのでしょうか？

A

[回答：藤田益浩]

(1) 制度の概要

2018年1月1日より施行された「地積規模の大きな宅地の評価」は、宅地の価値評価において新たな評価方法を提供しています。この制度の下においては、特定の条件を満たすマンションの敷地においても、評価額の減額を可能となります。

都心の駅前やタワーマンションなどがある地域では適用が困難なことが多いのですが、主に住宅地や郊外に位置するマンションでは、その適用が考えられます。

(2) 評価適用のための確認事項

適用に際しては、複数の確認事項が存在します。まず、マンション敷地の面積は、契約書や登記事項証明書に記載されている面積が基本情報となります。

次に、用途地域と容積率については、自治体によってはオンラインでの公開も行われており、容易に確認できるでしょう。さらに、路線価の

地区については，国税庁のホームページや税務署を通じて確認することができます。これらの情報をもとに，適用可能性の判断を行います。

(3)「地積規模の大きな宅地の評価」の要件

　この評価方法の適用要件には，4つの主要なポイントがあります。その1つが面積要件で，三大都市圏では500平方メートル以上，それ以外の地域では1,000平方メートル以上が必要です。

　次に地区区分要件として，マンション敷地が普通商業・併用住宅地区又は普通住宅地区に位置することが求められます。3つ目に都市計画要件として，工業専用地域以外であること，そして最後に容積率要件として，容積率が400％未満（東京都の特別区では300％未満）であることが条件とされています。

(4) 評価減の計算方法

　「地積規模の大きな宅地の評価」制度において，宅地の評価額の算定方法は，宅地が位置する地域の特性に基づいて2つあります。

① 路線価地域に所在する場合

　路線価地域に位置する宅地では，その評価額は路線価に基づきます。この価額に，奥行価格補正率，不整形地補正率などの各種画地補正率，さらに規模格差補正率を乗じた後，宅地の面積を乗じて最終的な評価額を算出します。

**評価額＝路線価×奥行価格補正率×不整形地補正率などの
　　　　各種画地補正率×規模格差補正率※×地積（㎡）**

② 倍率地域に所在する場合

倍率地域に位置する宅地の評価においては，以下の2つの計算方法のうち低いほうの価額を選択します。
- ●固定資産税評価額に倍率を乗じた価額
- ●標準的な間口距離および奥行距離を持つ宅地と仮定し，1平方メートル当たりの価額に各種画地補正率と規模格差補正率※を乗じた後，宅地の面積を乗じて算出する価額

※　規模格差補正率

規模格差補正率は，次の算式により計算します（小数点以下第2位未満は切り捨てます）。

$$規模格差補正率 = \frac{Ⓐ \times Ⓑ + Ⓒ}{地積規模の大きな宅地の地積（Ⓐ）} \times 0.8$$

上記算式中の「Ⓑ」および「Ⓒ」は，地積規模の大きな宅地の所在する地域に応じて，それぞれ次に掲げる表のとおりです。

(1) 三大都市圏に所在する宅地

地積	普通商業・併用住宅地区，普通住宅地区	
	Ⓑ	Ⓒ
500㎡以上1,000㎡未満	0.95	25
1,000㎡以上3,000㎡未満	0.90	75
3,000㎡以上5,000㎡未満	0.85	225
5,000㎡以上	0.80	475

(2) 三大都市圏以外の地域に所在する宅地

地積	普通商業・併用住宅地区，普通住宅地区	
	Ⓑ	Ⓒ
1,000㎡以上3,000㎡未満	0.90	100
3,000㎡以上5,000㎡未満	0.85	250
5,000㎡以上	0.80	500

(参考) 土地評価明細書（https://www.nta.go.jp/taxes/tetsuzuki/shinsei/annai/hyoka/annai/pdf/1470-5-5.pdf）

(5) マンション敷地の評価額の変化とその影響

　2017年まで，マンションの敷地に対しては特定の評価減が適用されない状況でしたが，「地積規模の大きな宅地の評価」の適用がある場合は，敷地の評価額を2割以上減額することも可能になりました。

　特に注目すべき点は，この評価減が1部屋の所有からでも適用される

Q23　マンション敷地に地積規模の大きな宅地の評価減は適用可能か

ことです。都心の駅前やタワーマンションなどが建築されている地域では，容積率の高さがこの評価減の適用を妨げています。

しかし，路線価が高額である東京23区内のような地域でも，中低層のマンションが建築されている場合には，この評価減の適用が受けられる可能性があります。

根拠法令：財基通20-2「地積規模の大きな宅地の評価」

（監修：長島　弘）

Q24 共有地の解消の税務

私は，5年前に亡くなった父の遺言により母と兄と私でそれぞれ3分の1ずつの共有で賃貸用不動産を相続しました。しかし，主たる管理は兄が行っており，毎年の税負担を考えるとあまりメリットが感じられません。また将来，私の子供たちが私の持分を相続することとなった場合には，権利関係がより複雑になるのではないかと心配しています。私の持分を手放す良い方法はありますか？

A
[回答：市原 守]

共有持分の放棄と贈与という方法が考えられます。

共有者は自己の共有持分を放棄することができます。この場合，放棄された共有持分は，他の共有者に帰属することになります（民法255）。共有持分の放棄は単独行為であり，あなたが共有持分を放棄する旨の意思表示をすれば，あなたの共有持分は消滅し，他の共有者である母と兄に均等に移転することになります。

なお，税務上は，共有者の1人が共有持分の放棄をした場合には，他の共有者は，何ら対価を支払うことなく，その持分相当額の財産の増加をもたらすため，みなし贈与として，他の共有者に贈与税の課税が行われます（相基通9-12）。その一方で共有持分を放棄した者への課税については，その者が個人であれば課税の問題は生じません。

また，ある共有者が自分の共有持分を他の共有者に贈与する場合（民法549）にも，同様にその他の共有者（受贈者）に贈与税が課されます（相法2の2）。

共有持分の放棄と共有持分の贈与との違いは，共有持分の放棄が単独

行為であり，持分の取得が原始取得（贈与課税の時に時価により取得したものとみなされる）であるのに対し，共有持分の贈与は，無償・諾成契約であり，贈与者の取得日および取得費を引き継ぐ（所法60）ことにあります。

　すなわち，放棄と贈与では，譲渡所得を計算する際に譲渡収入から控除する取得費の金額が異なります。

根拠法令：民法255条，549条，所法60条，相法2条の2，相基通9-12

（監修：秋山高善）

Q25 取引相場のない株式に係る同族株主の判定に際して、議決権のない株式がある場合の取扱い

　私（A）は、贈与によりE社株式（取引相場のない株式）を取得しました。なお、贈与後の持株割合は20％で、他に持株割合が30％の株主グループB、Cがいるため、贈与後も同族株主に該当しないと考えております。E社の株主構成は次のとおりです。この考え方で良いかご教示ください。

株主	持株数	持株割合	議決権割合	
A	28	28％	31.8％	
B	30	30％	34.1％	
C	30	30％	34.1％	
D	6	6％	0.0％	E社が25％の議決権を保有
E	6	6％	0.0％	自己株式
合計	100	100％	100.0％	

A
[回答：横田　茂]

　同族株主の判定は、財産評価基本通達に従って行います。

　同族株主とは、課税時期における評価会社の株主のうち、株主の1人およびその同族関係者の有する議決権の合計数がその会社の議決権総数の30％以上である場合におけるその株主およびその同族関係者をいいます。ただし、議決権総数の合計が50％超である同族株主グループがいる場合は、そのグループだけが同族株主になり、30％超のグループに属していても同族株主にはなりません。

　上記のとおり、同族株主の判定は、議決権割合により行います。持株割合により行うのではないことにまず注意する必要があります。

会社法308条によれば，評価会社であるE社が議決権の25％以上を有しているD社は，E社の株式につき議決権を有していませんし，自己株式に係る議決権の数もゼロになります。したがって，E社の議決権割合を算定する場合，D社が保有するE社株式とE社が持つ自己株式を除いて計算する必要があります。

　そうするとあなた（A）の議決権割合は31.8％と30％以上になり，他に50％超の議決権を有する株主グループもいないため，あなた（A）は同族株主に該当します。

　同族株主の判定に際しては，無議決権株式の有無，自己株式の有無および法人株主の株主構成等に留意し，正しい議決権割合を算定する必要があります。

根拠法令等：会法308条，相法22条

(監修：長島　弘)

Q26　取引相場のない株式に係る同族株主の判定における同族関係者

私（A）は，B社の無議決権株式80株（持株割合80％，議決権割合0％）を有しています。また，私AとB社は，各々C社の株式を保有しています。

C社株主の同族判定を行う際に，私AのB社に対する議決権割合は0％ですので，B社を同族関係者に含めて判定する必要はないと考えております。この考え方でよろしいでしょうか？　同族株主の判定における同族関係者の範囲をご教示ください。

A

[回答：横田　茂]

同族関係者とは，法人税法施行令4条に規定する株主と特殊の関係にある個人または法人をいいます。個人の同族関係者の範囲は，次のとおりです。

① 株主等の親族（6親等以内の血族，3親等以内の姻族及び配偶者）
② 株主等と事実上婚姻関係と同様の事情にある者
③ 株主等の使用人
④ 株主等から受ける金銭その他の資産によつて生計を維持しているもの
⑤ 株主等の使用人と生計を一にするこれらの者の親族

法人の場合，同族関係者に該当するか否かの判定は，個人（同族関係者を含む）が「その会社（今回の質問ではB社）を支配しているかどう

か」により行うこととされています。

　その会社を支配しているかどうかの判定には，持株割合基準と議決権割合基準があります。持株割合基準では，株主である個人（同族関係者を含む）が保有する持株割合が50％超である場合に「支配している」に該当するとされます。議決権割合基準では，次に掲げる議決権のいずれかにつき，50％超の議決権を有する場合に「支配している」に該当するとされます。

① 事業の全部もしくは重要な部分の譲渡，解散，継続，合併，分割，株式交換，株式移転または現物出資に関する決議に係る議決権
② 役員の選任および解任に関する決議に係る議決権
③ 役員の報酬，賞与その他の職務執行の対価として会社が供与する財産上の利益に関する事項についての決議に係る議決権
④ 剰余金の配当または利益の配当に関する決議に係る議決権

　そうするとあなた（A）はB社株式の議決権を保有していませんが，持株の80％を保有していますので持株割合基準によりB社は同族関係者になります。
　取引相場のない株式について同族株主の判定を行う場合，議決権だけで判定しますが，法人が同族関係者に該当するか否かの判定は，持株割合，または議決権割合で行いますので注意が必要です。

根拠法令等：民法725条，相法22条，法法2条10号，法令4条，財基通188条(1)

（監修：長島　弘）

第3章　相　続　税

Column 1

財産評価基本通達の位置づけ

　相続税，贈与税の課税価格を計算するためには，相続財産，贈与財産の財産評価を行い金額に換算する必要がありますが，相続税法では，財産の評価方法は，特別なものを除き時価により行うと定められているだけです。

　そのため，課税実務上は，特別な事情がない場合には，財産評価基本通達に定められた評価方法によって財産を評価することとされています。

　一方で，財産評価基本通達は，裁判では「上級行政機関（国税庁長官）が下級行政機関（国税局長）の職務権限の行使を指揮するために発した通達にすぎず，これが国民に対し直接の法的効力を有するというべき根拠は見当たらない。」と判示されるように法律ではないため，国民に対する法的拘束力はありませんし，裁判所もこれに拘束されることはありません。

　財産評価基本通達に沿って行った評価が，時価より著しく低くなった場合は，納税者に租税回避の意図がないかなど著しく低く計算される理由をよく確認して対応を検討する必要があります。

　そうしないと，例えば，国税庁が不動産の評価を鑑定評価によりやり直して※，相続税の申告に際して，修正申告を求められたり，更正されたりする可能性が増すものと考えられます。

※　財産評価基本通達総則6項「この通達の定めによって評価することが著しく不適当と認められる財産の価額は，国税庁長官の指示を受けて評価する。」

横田　茂

Q27 民事信託を活用した財産の承継

賃貸不動産や多額の預金を所有する歯科医院を廃業した医師の財産承継について質問です（家族構成は母80歳と長男50歳・長女45歳の3名です）。母は大半の財産を父から承継しています。長男には精神障害があり，母の死亡によりスムーズに子供2人が財産の分割をすることが困難と予想されます。この場合，スムーズに財産を承継する方法はあるでしょうか？

A

[回答：丹野 彰]

相続財産の承継の方法としては，法定相続および遺言書を作成する方法があります。しかし，これらは遺産分割協議を必要とするため，別の方法として民事信託が挙げられます。ここでは民事信託を活用して財産を承継する遺言信託を説明します。

民事信託は個人が自分の財産を特定の目的のために預ける仕組みです。信託の当事者は委託者（母），受託者（長女）および受益者（長男と長女）の三者です。具体的には公正証書を作成し不動産については信託登記をすべきでしょう。

民事信託により信託財産の名義は信託受託者に移ります。信託財産の相続財産評価額が50万円を超える時は，信託契約により相続財産の把握が困難となるので所轄税務署に対し信託事由の生じた日の属する月の翌月末日までに一定の書類を提出しなければなりません。また，その後も信託帳簿を記載し毎年1月末日までに所轄税務署に提出しなければなりません。

信託した財産は母の財産でなくなるため，母が死亡しても遺留分を侵さない限り遺産分割の必要がありません。

母の死亡後に残された兄弟の生活資金や賃貸不動産の運用について信託契約に盛り込むことによって安心して財産の管理と財産承継が可能となります。なお，遺言信託財産は相続税法では遺贈とみなされます。

根拠法令等：相法9条の2第6項

(監修：宮崎裕士)

Q28 有価証券のうち，投資信託の財産評価

被相続人甲は，夫の死後，一人で生活していましたが，老衰のため死去した。甲の一人娘である長女乙は，甲より以前にすでに死亡していたため，孫2人が代襲相続しました。

相続財産としては，居住用の土地および家屋の他は，投資信託が主たる財産でした。甲の生前においては，毎年，証券会社から，投資信託に係る配当金を受けており，投資信託に関しての報告書が送付されていました。代襲相続人は，投資信託について，相続財産としてどのように評価し，申告すればよいでしょうか？

A
[回答：前田公彦]

代襲相続人は，相続開始日における投資信託の財産評価を行う必要があります。しかしながら，証券投資信託受益証券は，以下の2種類に区分されるので，証券投資信託受益証券を相続財産として評価するに際しては，各々の評価方法により評価することになります（財基通199「証券投資信託受益証券の評価」およびタックスアンサー No.4644）。

① 中期国債ファンドやMMF（マネー・マネジメント・ファンド）等の日々決算型の証券投資信託の受益証券
② ①以外の証券投資信託の受益証券

本事案においては，①および②のいずれも評価の対象となることから，各々の投資信託の評価方法に準拠して評価します。

(1) 日々決算型の証券投資信託の受益証券の相続財産評価

次の算式により計算した金額によって評価します。

1口当たりの基準価額 × 口数 ＋ 再投資されていない未収分配金（A）
－ Aにつき源泉徴収されるべき所得税の額に相当する金額
－ 信託財産留保額および解約手数料（消費税に相当する額を含む）

> **事例1**

① 基準価額：1万口当たり30,000円→ 1口3円
② 口数：2,000万口
③ 含み益：300万円
④ 信託財産留保額[14]は換金希望日（相続開始日）の基準額に対して0.5％
⑤ 解約手数料なし
⑥ 相続税評価額の求め方

1口当りの基準価額×口数 － （含み益×20.315％） － 〔（1口当たりの基準価額×口数）×0.5％〕

```
3円×2,000万口 － （300万円×20.315％） － 〔（3円×2,000万口）×0.5％〕 = 59,090,550円
```

---

[14] 信託財産留保額とは，投資信託を保有し続ける投資家に迷惑がかからないようにするための費用で，解約した投資家に代金を支払うためには，投資信託の中の資産を売却する必要があり，そのための手数料がかかるため解約する投資家に負担してもらいます。一般的には3％～5％程度ですが，差し引かれない投資信託も多くあります。

Q28 有価証券のうち，投資信託の財産評価

(2) 相続税評価額の算出における留意事項

証券投資信託の相続税評価額を求めるうえで、以下の点に留意する必要があります。

① 1口当たりの基準価額を確認する必要がある。日々決算型の基準価額はほとんどが「1円」の場合が多い。このため、残高証明書上の基準価額が1口当たりの金額になっていないケースも見られるので留意する必要がある。

② 金融機関から取得した残高証明書の中に記載されている口数を確認する。

③ 再投資されていない未収分配金の有無を確認する。

④ 投資信託に含み益（相続発生日に売却したとみなした場合の含み益）がある場合は、源泉徴収税（20.315％）を算出してその税額を控除する。

(3) 上記以外の証券投資信託の受益証券

| 課税時期の1口当たりの基準価額 | × | 口数 | − | 課税時期において解約請求等した場合に源泉徴収されるべき所得税の額に相当する金額 | − | 信託財産留保額および解約手数料（消費税額に相当する額を含む） |

課税時期に基準価額がない場合、課税時期前の基準価額のうち、課税時期に最も近い日の基準価額を課税時期の基準価額として計算します。

実務上、証券会社では、「課税時期の1口当たりの基準価額」に口数を乗じて、残高証明書を発行する場合がみられますが、正しくは、上記の算式によって相続財産評価額を算定すべきです。

> 事例2

① 基準価額：1万口当たり10,000円→　1口1円
② 口数：1,500万口
③ 含み益：200万円
④ 信託財産留保額は換金希望日(相続開始日)の基準額に対して0.5%
⑤ 解約手数料なし

> 1円×1,500万口 −（200万円×20.315％）−〔(1円×1,500万口)×0.5％〕＝ 14,518,700円

根拠法令等：財基通199，タックスアンサー No.4644

Q29 利用価値が著しく低下している宅地の評価

　被相続人甲は，令和3年7月に死亡しましたが，甲の配偶者は，すでに死亡しており，相続人は被相続人甲の長女乙一人で，居住用の宅地，および家屋を含むすべての財産を相続しました。

　乙が相続した宅地は，東海道新幹線から40m離れたところに所在しており，始発から終日の間，上り・下りの列車の通過本数は，午前，午後および夜間のいずれの時間帯もおよそ平均20本の列車が通過しており，振動と併せて騒音がいずれの時間帯においても70dBを超えていました。終電が通過した後も保線工事のため午後11時以降も列車が通過する頻度が多いという状態のため日常生活にも少なからず影響がありました。新幹線の騒音は，「利用価値が著しく低下している宅地」として評価することができるでしょうか？

A

[回答：前田公彦]

　相続した自用地の土地は，原則的に時価で評価すると規定（相法22）されており，具体的には「財産評価基本通達第1章1」に依っています。

　さらに，相続した自用地の土地については，「この通達の定めにより難い場合は，国税庁長官の指示を受けて評価する」と規定されています（財産評価基本通達第1章6）。

　また，国税庁のタックスアンサー（No.4617）において，利用価値が著しく低下している宅地の評価については，利用価値が低下していると認められる部分の面積に対応する価額に10％の減価を認めています。同タックスアンサーでは，減価が認められる具体例として以下の4つのケースが例示されています。

① 道路より高い位置にある宅地または低い位置にある宅地で，その付近にある宅地に比べて著しく高低差のあるもの
② 地盤に甚だしい凹凸のある宅地
③ 振動の甚だしい宅地
④ ①から③までの宅地以外の宅地で，騒音，日照阻害（建築基準法56条の2に定める日影時間を超える時間の日照阻害のあるもの），臭気，忌み等により，その取引金額に影響を受けると認められるもの

環境庁は，昭和50年7月29日付の環境庁告示第46号により，「新幹線鉄道騒音に係る騒音基準」を各県知事に通知しています。当該環境基準によると，以下のとおりです。

	地域の類型	基準値（単位：dB）
Ⅰ	主として居住の用に供される地域	70dB以下
Ⅱ	商工業の用に供される地域等Ⅰ類型以外の地域であって通常の生活を保全する必要がある地域	75dB以下

当該評価対象の宅地は，新幹線がトンネルから出た区間との距離が40mほどしか離れていないことから，当該家屋との間は遮蔽物もない状態で接しているため，新幹線が1時間で平均20本通過するごとに70dB以上の騒音に常時さらされる区画に位置しています。

さらに，騒音だけでなく近隣の建物に音が反射することで，かなりの振動をも生じさせています。この状態は，国税庁のタックスアンサーで示されている4つのケースのうち，③および④の条件に該当することから，「利用価値が著しく低下している宅地」として評価するのが妥当です。

したがって，乙が相続する宅地全体の評価においては，通常の区画調整を行って得られた評価価額に対して，さらに10％を減額評価すること

が可能です。新幹線と評価対象地との位置関係は次の図に示すとおりです。

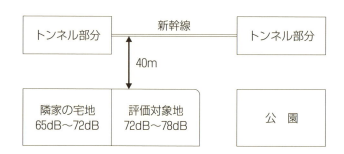

　図のとおり，評価対象地と比べて，隣家の宅地は新幹線がトンネル部分に面しているため，騒音や振動は，相当に減少されています。
　評価対象地は周辺の類似した土地よりも環境庁が定めた騒音基準を超えた騒音や振動などがあることから，10％評価減してよいことになりますが，その減価要因が路線価や固定資産税評価額に反映されている場合は，評価減できないということにも，ご留意ください。

根拠法令等：相法22条，財基通第１章１及び６，国税庁タックスアンサー No.4617，昭和50年７月29日環境庁告示第46号「新幹線鉄道騒音に係る騒音基準」

第３章　相　続　税

Q30 特定居住用宅地等の減額特例

母居住の土地建物を相続により長男が取得することになります。長男は母と同居しておらず，近隣の賃貸マンションで生活をしています。相続にあたり特定居住用宅地等の減額特例の要件を満たすことができるでしょうか？

A

[回答：田中敏行]

適用が受けられます。

まず，この宅地等が租税特別措置法69条の4の特定居住宅地等に該当するかどうかを検討します。特定居住用宅地等として減額特例の対象となる要件には，「被相続人に配偶者や同居相続人がいないこと，相続開始前3年間，自己又は自己の配偶者，自己の3親等内の親族，特別の関係にある法人が所有する家屋に居住したことがないこと」があります。

長男について，当該宅地等が被相続人の居住の用に供されていたことを登記事項証明書で，また宅地等の取得者が遺産分割協議書から相続人の長男であることが確認されました。次に相続人の長男は，賃貸借契約書から，賃貸物件に居住し，当該宅地等に居住していないことの確認が取れたことから，特定居住用宅地等の減額要件を満たすと判断しました。

根拠法令等：措法69条の4

Q31 「おひとり様」の相続と遺贈寄付

　私は80代で数年前夫に先立たれました。子供はおらず，いわゆる「おひとり様」です（友達付き合いも不得意です）。70歳代に1億円程度の遺産（金銭）を受け取っています。自己所有のマンションで生活していますが借入金はありません。

　戸籍を調べたところ終戦直後に父が養子（普通養子縁組）となった方（死亡）の子供（つまり兄弟）がおりますので相続人が存在するようです。その方とは面識もなく，自分の死後にその方に遺産を渡すことに抵抗を感じています。終活としてどのような選択肢があるのか教えてください。

A

[回答：丹野　彰]

　個人が死亡した場合，その個人に残された財産があるときは民法の規定により相続人に財産が移転されます。使いきれなかった財産を疎遠である兄弟（養子縁組をしたことによる兄弟）に帰属するのなら自分の思いどおり遺産の行き先を決めておきたいと思うのは，自然なことかもしれません。

　そこで遺言書の作成，つまり遺贈寄付をすることが考えられます。遺贈寄付によりその個人が有する死亡時の財産は特定の受遺者に移転されます。

　面識のない相続人に遺産を渡すのなら日本人の意識として全財産を自分の意に沿った団体に寄付することにより社会に貢献したいと願う人は少なくありません。兄弟には遺留分の権利がありませんので，遺贈寄付により自分の最後の思いを特定の民間非営利団体や宗教法人等に託すことが可能となります。

この場合に法人への遺贈なら，相手の法人に法人税がかかります（国や地方公共団体，公益法人等である場合には非課税となります）。
　また，NPO法人など人格なき社団等なら個人とみなされ，相続税の対象となります（相法66条①②）。
　持分の定めのない法人（例：一般社団法人，一般財団法人，学校法人，社会福祉法人，宗教法人など）で一定の要件を満たすものは，個人とみなされ相続税の対象となります（相法66条④）。遺贈先を公益性の高い活動を行っている民間非営利団体等を選定できれば社会に貢献したいというあなたの願いが叶うと思われます（措法70条①②）。

根拠法令等：相法66条1・2・4項，措法70条1・2項

Q31 「おひとり様」の相続と遺贈寄付

Q32 遺産分割協議書の捺印と相続の開始があった日

A氏の東京の叔母が亡くなりました。叔母と同居している実子と他の相続人3名から依頼を受けた代理人と名乗る人が叔母の死亡後1年経過後に仙台在住の相続人であるA氏に対し書類に実印を押せば，1千万円を支払いますと言ってきました。その意味がわからなかったA氏から，当職が相談を受けました。

その代理人の話は不可解なので趣旨を確認したところ，持参した遺産分割協議書に捺印を押してほしいとのことでした。遺産分割協議書には相続財産の明細が記載され，その財産の明細には土地の所在と建物などが記載されていました。

当職が改めて相続財産目録を作成し相続財産の評価額を計算したところ東京都心の土地および賃貸建物等があり，相続財産の総額は3億円を超える課税価格と計算されました。相続税の申告期限は叔母の死亡後10月以内です。A氏は叔母の死亡後1年経過後に知らされた仙台の相続人です。このような場合，相続税の申告期限はどのようになりますか？

A

[回答：丹野 彰]

(1) 遺産分割協議

遺産分割協議について弁護士に相続の相談をして親族関係を調査したところ仙台のA氏の親は戦後東京にいる伯母さんと養子縁組（普通養子縁組）をしていました。

叔母さんと同居している東京の相続人は叔母さんの死亡による相続財産を承継するには仙台に居住する相続人の合意がなければ遺産分割がで

きません。つまり叔母さんの相続人は東京の親族4名と仙台にいる相続人（A氏）の5名となります。遺言書はありませんでした。

代理人が提示する1千万円は一般に言われるハンコ代のようです。そこで相続人間で民法に規定する法定相続分で遺産分割をすることになりました。

(2) 期限内申告の提出期限

相続税法には，相続税の期限内申告書の提出期限は，相続の開始があったことを知った日の翌日から10月以内と規定されています。東京にいる相続人4名の相続税の期限内申告書の提出期限は，相続の開始があったことを知った日つまり被相続人の死亡日の翌日から10月以内となります。

なお，小規模宅地等の特例を受ける場合も被相続人の死亡後10月以内が届出の期限となります。

(3) 死亡時と相続の開始があったことを知った日

仙台の相続人（A氏）が東京の相続人の代理人から叔母さんの死亡を知らされたのは，叔母さんの死亡後1年経過してからです。相続税の申告期限はA氏が叔母さんの死亡が伝えられた日つまり叔母さんの死亡後1年経過後が起算日となります。

原則的には叔母の死亡後10月以内が期限内申告の提出期限となり，相続税の申告期限はすでに過ぎておりますので，小規模宅地等の特例の適用を受けることはできません。

そこで税理士としては，相続の開始日が1年経過後であることに必要な届出書を提出し，詳細な事情を税務署に説明して期限内申告および小

規模宅地等の特例が認められるように動くこととなります。
　本件では，関係する弁護士の協力を得て遺産分割が適正に行われ，かつ当事務所主導による税務申告がスムースに終了しました。

根拠法令等：相法27条１項，相基通27－４（「相続の開始があったことを知った日」の意義）

Q33 相続人の1人が他の相続人の相続税を負担した場合

被相続人の長女には子供がおらず（いわゆるおひとり様），相続人となる二女および三女の3人姉妹です。遺言書の作成はなく，相続税法の特例を適用すべき項目もありません。

この長女の遺産について遺産分割協議により被相続人の身の回りの世話をしていた二女が相続財産のすべてを取得し，相続財産の中から二女が三女に対し代償金として金銭を支払う旨の遺産分割協議書が作成されました。ただし，遺産分割協議では三女の負担すべき相続税は二女が代償金として支払うことで合意しています（つまり，二女は遺産分割協議としての代償金と三女の納付すべき相続税を合計した代償金を負担することとなります）。

この場合，相続税の課税関係はどのようになりますか。

A

[回答：丹野 彰]

(1) 相続税計算の仕組み

相続税法では，相続税は相続人に対し相続財産をどのように分割しても相続税の総額は変わらない税額となるように仕組まれています。また，その相続税の総額を各相続人が相続によって得た財産の価額に応じて按分して各相続人の納付税額が決まります。

相続税の計算は相続財産である課税価格が決まらないと税額計算に入ることはできません。

1人の相続人が他の相続人の相続税を負担することが遺産分割で合意されると，課税価格が決まらないことになり相続税の税額計算に入ることはできないと考えられます。

ただし，相続税法には相続税の徴収確保のために連帯納付の義務を定めています。

(2) 代償金の調整による相続税の計算

今回のケースのように，1人の相続人が相続財産をすべて取得する代わりに相続税を代償金として負担する場合，まず三女に対して支払われる代償金（相続税抜き）を支払った場合の相続税の計算をします。そして，そこで計算された三女の相続税相当額を代償金に加算して各相続人の相続税を計算し直します。

加算された代償金を含んだ相続税の計算をしてみると，相続税を負担すべき相続人（三女）の相続税額は増加します。一方，代償金を負担した相続人（二女）の相続税額は減少します。

(3) 申告書の提出

前記(1)のとおり，相続財産についてどのように分割しても相続税額の総額は変わらないので，相続税の申告は代償金を姉妹で加減算する前の金額で期限内に相続税の申告書を作成し納付することになります。

相続税申告書を提出した後に二女が三女の納めるべき相続税を納付した場合には相続税の加算（三女）と相続税の減算（二女）の修正を税務署から求められることになると考えられます。相続税が不足している相続人（三女）は修正申告書を提出し不足分の相続税を納付します。また相続税を過大に納付している相続人（二女）は更正の請求をして過大に納付した相続税の還付を受けます。ただし，これらの申告書の再提出によって納付すべき相続税の総額は変わりません。

一般的に納めるべき税を他人が納めた場合，贈与税が課税されることになっています。このケースでは，遺産分割協議で二女が三女の相続税を納めることに合意しているので贈与税が課税されることはありません。

根拠法令等：民法422条の2，相法34条，国通法19条4項・23条1項，相基通11の2－9

第4章

法人税

Q34　固定資産の法定耐用年数

当社は食料品製造業を営んでいます。自社本社ビル（工場とは別棟）を新築した際，従業員用の食堂施設の厨房設備を設置しました。本建物および設備を固定資産に計上して減価償却する際の法定耐用年数の考え方について教えてください。

A
[回答：松田禎弘]

　取得した固定資産の取得価額は，減価償却によって使用可能期間にわたって費用配分されます。

　法人税では，課税の公平を図る観点から使用可能期間を「減価償却資産の耐用年数等に関する省令」の「別表第一　機械及び装置以外の有形減価償却資産の耐用年数表」で「建物」「建物附属設備」「構築物」「船舶」「航空機」「車両及び運搬具」「工具」「器具及び備品」について，資産の種類，構造，用途により耐用年数を定めています。

　また「別表第二　機械及び装置の耐用年数表」では，機械及び装置について，「食料品製造業用設備」「飲食店業用設備」等，資産を55に区分して耐用年数を定めています。

　取得した資産がどの区分に該当するかは，資産の名称のみによって判断をするのではなく，その使用目的や用途をよく確認する必要があります。耐用年数省令別表第二の「機械及び装置」に該当する設備については，所有する法人の業種で判断するのではなく，その設備がいずれの業種用の設備に該当するか，使用状況等からどの業種用の設備として通常使用しているかにより判断します。

　質問の例の場合，本社ビル建物については，構造が「鉄筋コンクリート造」，用途が「事務所」であれば，耐用年数省令別表第一の50年に該

当すると考えられます。

　また，本社ビルの電気設備，給排水衛生設備，空調設備，冷暖房設備等の建物附属設備についても，耐用年数省令別表第一の該当する耐用年数を判断します。

　従業員用の食堂施設の厨房設備については，食料品製造業を営んでいることから，耐用年数省令別表第二の「1　食料品製造業用設備」に該当するのではないかとの疑問があるかもしれません。

　本件のケースでは，法人の業種である食料品製造業で判断するのではなくその設備，すなわち従業員へ食事という最終的な役務を提供する厨房設備がどの業種用の設備に該当するかで判断すると，耐用年数省令別表第二の「48　飲食店業用設備」8年に該当すると考えられます。

根拠法令等：減価償却資産の耐用年数等に関する省令

（監修：秋山高善）

Q35　役員退職金の会計税務処理

　当社は，株主総会（取締役会）で役員の退職金を支給する旨の決議をしました。退職金が多額であるので，損金経理をすると税引前利益が減少し，銀行対策上好ましくないので，これを損金経理せず，繰越利益剰余金の処分として，税引前利益額に影響をさせないことにしたいです。
　この場合，退職金は税務上損金と認められるでしょうか？

A

[回答：田中敏行]

　平成18年（2006年）度の税制改正前は役員退職金給与を税務上損金とするためには，会社の経理において損金経理をすることが要件でしたが，2006年5月に施行された会社法では，取締役の報酬等（役員退職給与も含む）の金額や計算方法は，取締役会や株主総会の決議等で定められることになり，役員退職金は会社の費用として処理する方法のほか，繰越利益剰余金の処分によることも認められることになりました。

　現在では，損金経理をしなくとも取締役会や株主総会の決議等で役員退職金の額が確定すれば，その決議等がされた日の属する事業年度において，その役員退職金の額を税務上損金の額に算入することが認められています（法基通9－2－28）。

　したがって役員退職金を損金経理せず繰越利益剰余金の処分とした場合であっても，法人税申告書別表4で減算することができます。

（会計上の仕訳）　繰越利益剰余金　××　／　現金預金　××

（法人税法別表4）　役員退職金減算（社外流出）

　もちろん，従来どおり役員退職金を会社の費用として処理することも可能ですが，その処理では税引前当期利益がその分大きく減少することになり，会社の利益に影響を与えます。
　したがって，繰越利益剰余金で会社の利益に影響を与えない処理をするほうが会社にとって有利であり，また銀行の心証も良いと考えられます。

根拠法令等：会法361条，法法34条，法基通9－2－28

（監修：宮崎裕士）

Column 2

役員給与損金不算入

　法人の役員にとって，役員給与損金不算入制度は嫌な規定と言えます。法人税法に規定する役員給与は2006年に改正されました。改正された法人税法では定期同額給与，事前確定届出給与および業績連動給与の3種類に限定し，その要件を充足しない役員給与は損金不算入となります。

　定期同額給与および事前確定届出給与は，事前に決定あるいは届け出をしなければ損金不算入であり柔軟性がなく極めて硬直化された給与制度といえます。

　同族会社は，所有（株主）と経営（役員）の分離がされておらず恣意的に租税回避行為が行われやすいことから業績連動給与は認められておりません。

　租税回避行為かどうかについていえば，現在の法人実効税率は地方税と併せて29.74％であり，一方給与を受けた役員は所得税法で5％から45％の高率な累進課税を受けるので，業績連動給与とすることが一概に租税回避といえるのか疑問といえます。

　本来，役員給与の本質は役員の職務執行の対価であり「不相当に高額」でない限り法人の経費となるべき費用です。企業会計では役員報酬と役員賞与は発生した会計期間の費用として認識されます。

　費用であるにもかかわらず法人税法で損金不算入のおそれがあることは，法人税と所得税の税負担によりそもそも弱体資本である企業の健全化を阻害しています。日本経済を必死で支えている中小零細企業の弱体資本の体質はこうした役員給与制度が少なからず影響を与えているものと思われます。

　発想を変えて，同族会社について一定の制限は必要であるが業績連動給与が

認められれば中小零細企業の活発な経営活動に好循環のインパクトを与えることになるでしょう。

　役員給与制度は，弱体資本である中小零細企業を豊かに強い企業にするために，利益を上げた役員の職務対価としてインセンティブを持たせる柔軟な報酬制度にすべき時期を迎えているのではないでしょうか。

丹野　彰

Q36 非営利型法人における「収益事業開始届出書」の提出のタイミング

　非営利型法人に該当する一般社団法人Ａ社は，Ａ社の会員企業・数十社の現場担当者をＡ社の研修施設に集めて，安全衛生教育の合同研修を行うことを目的として，×1年4月1日に設立されました。

　Ａ社から以下の3つの時点のうち，どのタイミングで「収益事業開始届出書」を所轄税務署長に提出するように判断すべきか相談を受けています。

① ×1年4月1日：社内規定や研修内容の準備などのため，準備期間である関係で，Ａ社の第1期の収入については，「受取会費収入」及び「預貯金の受取利息」のみとなることがあらかじめわかっています。

② ×2年4月1日：同日から，Ａ社が自ら企画・運営する安全衛生教育の研修を開始しました。よって，Ａ社の第2期の収入については，「自主開催の研修受講料収入」および「受取会費収入」，「預貯金の受取利息」となる見込みです。

③ ×3年4月1日：同日から，地方自治体Ｃ市からの委託を受けて行う安全衛生教育の研修も開始しました。よって，Ａ社の第3期の収入については，「Ｃ市受託収入（実費弁済ではない）」および「自主開催の研修受講料収入」，「受取会費収入」，「預貯金の受取利息」となる見込みです。

　また，法人税申告書の提出義務が生じていない事業年度については，均等割の減免申請をしたい関係上，Ａ社の理事から当該届出書を提出しないよう要請されています。

　これら対応について，どのように回答すればよろしいでしょうか？

第4章　法　人　税

A
[回答：道明誉裕]

③の×3年4月1日が,「収益事業を開始した日」と考えられます。その日から2か月以内である×3年5月31日までに,「収益事業開始届出書」を所轄税務署長に提出します。なお, 同じタイミングで,「青色申告承認申請書」も提出するとよいでしょう。

(1) A社の各収益の事業判定

まず, A社の各収益が, 法人税法2条13号「収益事業」に該当するのか否かについて区分する必要があります。

「収益事業の範囲」については, 法人税法施行令5条によって, 34種類の限定列挙がされています。この限定列挙にリストアップされている収益に該当する場合,「収益事業」と判断されます。

一方で, 34種類の限定列挙に記載の無い収益については, 消去法的に「非収益事業」に該当すると判断することになります。

A社の収益のうち,「C市受託収入（実費弁済ではない）」については, 法人税法施行令第5条の十の「請負業」としての限定列挙に該当するので,「収益事業」として区分されます。

法人税基本通達15-1-27によると,「国・地方公共団体からの委託に基づいて行う事業を含む」という趣旨の記載があるので, 地方公共団体であるC市からの委託収入についても,「請負業」に含まれる点には留意したいところです。

なお, 必要な費用の範囲内で収益する「実費弁済」となるような受託事業の場合には, 法人税基本通達15-1-28のように, 一転して「請負業」に該当しないとあるので, 判断が反転する点にも注意すべきでしょう。

A社の他の収益である「自主開催の研修受講料収入」、「受取会費収入」および「預貯金の受取利息」については、法人税法施行令5条「収益事業の範囲」の34種の限定列挙において、これらの収益の記載が無いので、消去法的に「非収益事業」に該当するものと判断することができます。

　これらの3つの収益のうち、特に判断に迷うのは、「自主開催の研修受講料収入」かもしれません。自主開催であることから、法人税法施行令5条の10の「請負業」に該当せず、かつ、研修ではあるものの安全衛生教育のためであることから、法人税法施行令5条の30の「技芸教授業」にも該当しないと考えられます。

　その他の限定列挙にも抵触しないようなので、「自主開催の研修受講料収入」は「非収益事業」に該当すると判断できると考えられます。

　したがって、「収益事業」が開始する日は、「収益事業」に該当すると判断した「C市受託収入（実費弁済ではない）」を開始した日である③の「×3年4月1日」が該当するものと考えられます。

　その日から2か月以内に、所轄税務署長に対して、「収益事業開始届出書」を提出する義務があり、かつ、その日の属する第3期の事業年度においては、法人税申告書の提出義務も生じると考えることができます。

(2) 収益事業開始届出書の提出義務

　なお、①②の各事業年度中は、収益事業を開始していないこととなるので、「収益事業開始届出書」を提出する必要はなく、かつ、①②の各事業年度の決算申告においては、法人税申告書の提出義務も無いとも判断できます。

根拠法令等：法法2条13号、法令5条の10、法基通15-1-27・15-1-28

（監修：宮崎裕士）

第4章　法　人　税

Q37　包括的承継となる組織再編（適格合併，適格分割型分割）の減価償却資産の取扱い

適格合併，適格分割型分割においては，包括的承継の性格を有する組織再編と位置付けされていますが，これら組織再編時の減価償却資産の取扱いについて教えてください。

A
[回答：加藤幸人]

　適格合併，適格分割型分割（以下，「適格合併等」といいます）においては，包括的承継の性格より，資産等を移転した場合には被合併法人等の合併等直前の「帳簿価額による引継ぎ」をすることとされています。
　ここで，減価償却資産については，資産の費用化をするための3要素：取得価額，耐用年数，償却方法の取扱いがどうなるかがポイントになります。

(1) 減価償却資産の取得価額

　適格合併等における合併法人等の資産の取得価額は，被合併法人等の取得価額と合併法人等が事業の用に供するために直接要した費用の合計とされています（法令54①五）。原則として，被合併法人等の取得価額（原始取得価額）と取得日（原始取得日）が引き継がれます。

(2) 減価償却資産の耐用年数

　適格合併等により移転を受けた減価償却資産に適用する耐用年数は，原則として，法定耐用年数です。ただし，中古資産の耐用年数の規定を

適用することも可能になっています。

(3) 償却方法の選択

　償却方法については，引継ぎという考え方がありません。あくまでも合併法人等の現に採用している償却の方法を適用することになります。

　そのため，被合併法人等において旧定率法により償却されている建物付属設備や構築物があったとして，適格合併等後の合併法人等では，償却方法を引き継がないため，2016年4月1日以後については，定額法が強制されることになると言えます。

　ただし，被合併法人等の償却方法を適用できる例外ケースもあります。

① すでに償却方法を選定している資産「以外」の資産を合併等により取得した場合
② 合併により新たに事業所を設けたものと解される場合

　これらのケースに該当し，「減価償却資産の償却方法の届出書」を提出した場合，被合併法人等の償却方法の適用も可能になるといえます。

　なお，減価償却資産の償却方法の届出書は，合併法人等の合併等事業年度の確定申告書の提出期限までになります。

根拠法令等：法法62条の2，法令51条2項5号及び6号，54条1項5号，133条の2

Q38 賃上げ促進税制と法人税

当社は，物価高から社員の生活を守ることおよび人材の確保と定着を目的として，社員に対する賃上げを行うことを検討しています。賃上げを促進するために賃上げ促進税制があると聞きましたが，どのような制度なのかを教えてください。

A

[回答：宮地晃輔]

令和6年度税制改正において，賃上げ促進税制が強化されました。賃上げ促進税制は，大企業と中小企業に分けて理解する必要があります。ここでは，税理士（税理士法人）が日常的にクライアント企業として関係が深い中小企業に絞って解説を行います。

2023（令和5）年12月の政府決定に基づいて作成された「賃上げ促進」パンフレット（暫定版）では，賃上げ促進税制の強化が示され，主たるポイントは次ページの**図表1**の内容となっています[15]。

経済産業省・中小企業庁（2022）によれば，「中小企業向け賃上げ促進税制は，中小企業者等が，前年度より給与等を増加させた場合に，その増加額の一部を法人税（個人事業主は所得税）から税額控除できる制度です。」と説明しています。

中小企業向けに賃上げ促進税制を強化することの意味は，中小企業者が雇用者への給与等[16]の支給額や教育訓練費の増加の要件を満たす水準で実行すれば，法人税の税額控除のメリットを享受できることにあります。

---

15 中小企業庁（2023）の記述内容は，2023（令和5）年12月の政府決定時点の情報であるため，それ以降の国会審議等の動向により施策内容が変更される可能性があり注意が必要になります。本解説は令和5年12月時点での政府決定に基づいており，以後の政府動向等に注意が必要になります。

【図表１】「賃上げ促進」パンフレット（暫定版）での中小企業への対応内容

① 中小企業においては，全雇用者の給与等支給額の増加額の最大45％が税額控除されます。この場合，税額控除額の計算は，全雇用者の前事業年度から適用事業年度の給与等支給額の増加額に税額控除率を乗じて計算します。ただし，控除上限額は法人税額等の20％となります。

② 賃上げ促進税制の適用要件として，「必須要件（賃上げ要件）」，「上乗せ要件①教育訓練費」，「上乗せ要件②（新設）子育てとの両立・女性活躍支援」の３要件があげられています。上乗せ要件①の教育訓練費とは何かについて，「国内雇用者の職務に必要な技術又は知識を習得させ，又は向上させるために支出する費用のうち一定のものをいいます。具体的には，法人が教育訓練等を自ら行う場合の費用（外部講師謝金等，外部施設使用料等），他の者に委託して教育訓練等を行わせる場合の費用（研修委託費等），他の者が行う教育訓練等に参加させる場合の費用（外部研修参加費等）などをいいます。」と説明されています。

③ 令和６年度税制改正において，「中小企業は，賃上げを実施した年度に控除しきれなかった金額の５年間の繰越しが可能となる制度が新設されました。新設された制度では繰越税額控除をする事業年度において，全雇用者の給与等支給額が前年度より増加している場合に限り，適用可能とされています。

（出所） 中小企業庁（2023）に依拠して筆者にて整理・作成。

---

16 経済産業省・中小企業庁（2022，2頁）では給与等の意味について，「俸給・給料・賃金・歳費及び賞与並びに，これらの性質を有する給与（所法28条１項に規定する給与等）をいいます。したがって，例えば，所得税法９条（非課税所得）の規定により非課税とされる給与所得者に対する通勤手当等についても，原則的には，本制度における「給与等」に含まれることになります。
　ただし，賃金台帳に記載された支給額のみを対象に，所得税法上課税されない通勤手当等の額を含めずに計算する等，合理的な方法により継続して国内雇用者に対する給与等の支給額の計算をすることも認められます。なお，退職金など，給与所得とならないものについては，原則として給与等に含まれません。」
と説明しています。

第４章　法　人　税

これにより政府は中小企業者の賃上げ実現を促進し，中小企業者は雇用者の賃上げによる法人税軽減の税制上のメリットを受けることができます。

　中小企業庁（2023）における中小企業に対する賃上げ促進税制の強化内容を表したものが次ページの**図表2**です。2023（令和5）年12月の政府決定による賃上げ促進税制の強化の意味は，2022（令和4）年12月での改正内容から強化されたことにあります。令和4年度改正では控除率は最大40％でしたが，令和6年度税制改正では，最大45％と控除率の引上げが行われました。

　適用要件（上乗せ要件）に関して，令和6年度税制改正では前年度比＋5％となり，適用要件の引下げが行われています。令和6年度税制改正における賃上げ促進税制での中小企業への対応の詳細は**図表2**で示されています。

　令和6年度税制改正でも，全雇用者の給与等の支給額が前年比＋1.5％で税額控除率15％であること，＋2.5％で税額控除額が30％であることが，中小企業向けの賃上げ促進税制の骨子となります。

　これに従来からの上乗せ要件①教育訓練費があり，また上乗せ要件②子育てとの両立・女性活躍支援が新設されました。令和6年度税制改正で新設された上乗せ要件②子育てとの両立・女性活躍支援に関しては，「くるみん」以上もしくは，「えるぼし」二段階目以上で税率控除額を5％上乗せすることになります。「くるみん」と「えるぼし」の各認定については，厚生労働省がホームページなどで公表している情報で，詳細を知ることができます。

　さらに注目すべきは，中小企業においては一定の条件のもとで，賃上げを実施した年度に控除しきれなかった金額の5年間の繰越しが可能となる制度が整備されました（中小企業庁，2023年）。

Q38　賃上げ促進税制と法人税

【図表 2】 令和 6 年度税制改正における「賃上げ促進」パンフレット（暫定版）による中小企業に対する賃上げ促進税制の強化内容

【中小企業】

全雇用者の給与等支給額の増加額の**最大45%**を税額控除※1
〈適用期間：令和 6 年 4 月 1 日から令和 9 年 3 月31日までの間に開始する各事業年度〉
（個人事業主は，令和 7 年から令和 9 年までの各年が対象）

| 必須要件（賃上げ要件） | 上乗せ要件①
教育訓練費※2 | 上乗せ要件②（新設）
子育てとの両立・女性活躍支援※3 |

中小企業向け

● 適用対象：青色申告書を提出する中小企業等（資本金 1 億円以下の法人，農業協同組合等）又は従業員1,000人以下の個人事業主

全雇用者の給与等支給額（前年度比）	税額控除率※1
+1.5%	15%
+2.5%	30%

＋

前年度比+5%
⇨ 税額控除率を10%上乗せ

＋

くるみん以上
or
えるぼし二段階目以上
⇨ 税額控除率を5%上乗せ

中小企業は，賃上げを実施した年度に控除しきれなかった金額の 5 年間の繰越しが可能※6（新設）

（出所） 中小企業庁（2023）に依拠し，筆者にて中小企業に特化して整理。なお図表 2 中の※1・2・3・6 に関しては中小企業庁（2023）を参照のこと。

根拠法令等：措法42の 4・42の12・42の12の 5，措令27の12の 5，措規20の10

（監修：秋山高善）

Column 3

シンガポールにおける株式会社設立と収益の送金の課税について

　シンガポールで事業展開をする場合，現地での利益処理で支店を設立するか，あるいは現地法人とするかで，課税上の問題を検討する必要があります。

　シンガポールに株式会社の支店を設立する場合，支店は居住法人ではなく，非居住法人として扱われるため，シンガポールの法人税の部分免税制度，法人税リベート，スタートアップ免税制度などの優遇税制を利用することができず，17％の法人税を納付することになります。

　その後，支店の利益を日本に送金すると日本の法人税の約30％の対象となりますが，シンガポールで納付した法人税は，日本で外国税額控除が適用されます。

　また，株式や債券などのキャピタルゲインは基本的に課税対象外となりますが，短期的な値上がりを目的とした有価証券の取引等は法人税の課税対象となりうることに注意する必要があります。

　他方，シンガポールで現地法人を設立すると，世界で3番目に低い17％の法人税率の優遇を享受することができますが，日本のタックスヘイブン税制や移転価格税制の対象となる可能性があります。

　タックスヘイブン税制とは，租税回避を図るために税負担が著しく低い国や地域に所在する子会社等を通じて事業を行うことを規制するための制度です。また，移転価格税制は，国境をまたいだ関連会社間の取引価格を適正に設定することで，企業の所得移転や租税回避を防止するルールです。

現地法人の利益を日本に送金する場合は，シンガポールと日本の租税条約が適用され，シンガポール非居住者や非居住法人へ特定の支払い（例えばロイヤリティーや支払利息，専門家へのサービス料）を行う場合に，支払った側が源泉徴収をしてシンガポール税務当局へ納税する源泉税（15%）と日本の配当所得税（20.42%）が課されます。

鵜崎清貴

第 5 章

消費税

Q39　暗号資産で生じる消費税

ステーキングにより暗号資産を取得した場合の消費税の課税関係を教えてください。

A
[回答：柳谷憲司]

　ステーキングにより暗号資産を取得した場合，その取引は不課税取引になると考えられます。

　国税庁が公表している情報によると[17]，ステーキングにより暗号資産を取得した場合，その取得した暗号資産の取得時点の価額（時価）については所得の金額の計算上総収入金額（法人税においては益金の額）に算入されることになっていますが，消費税法上の取扱いについては記載されていません。

　ここで，消費税法上の課税取引とは，

① 国内取引であること
② 事業者が事業として行うものであること
③ 対価を得て行うものであること
④ 資産の譲渡，資産の貸付けまたは役務の提供であること

の4つの要件を満たした取引であり，このいずれかを満たさない場合は不課税取引となりますが，ステーキングについては，③の対価性が検討すべき点になると考えられます。

　対価性については，役務提供と対価の間には対応関係が必要と解され

17　前掲注8　問1-6。

ていますが[18]，この関連性をどの主体から判断するかについては，以下のような考え方があります。

(1) 役務提供を行う事業者からみる考え方

これは，「一定の収入（相手方からみれば支出）が，役務提供者からみて，当該提供した役務に対する直接的な反対給付といいうるかどうか，である。」という考え方です。

(2) 役務提供を受ける消費者からみる考え方

これは，「事業者による課税資産の譲渡等への課税要件の結びつけが単なる徴税技術上の考慮に過ぎないことを考慮すれば，むしろ，役務を提供された者（それは，ある時点における消費税の課税時において必ずしも最終消費者ではないこともあるが，究極的には最終消費者に帰着する）の視点においてこそ，役務の提供と（反対）給付との関連性を判断すべきである。」という考え方です。

(3) 両者の視点からみる考え方

これは，「取引＝バスケット導管説（引用注：資産および役務と同様に，取引も，付加価値の移転装置と考える説）の下での取引のダブル・トラック構造及び対価概念と費用概念との表裏一体性を考慮すると，消費税負担の円滑かつ適正な転嫁を保障するためには，対価概念を，納税

---

18 大阪高裁平成24年3月16日判決（税資第262号-59順号11909）は，「当該具体的な役務提供があることを条件として，当該経済的利益が受収されるといい得ることを必要とするものの，それ以上の要件は法には要求されていないと考えられる」と判示します。

義務者とされる事業者の視点からだけでなく，その取引の相手方の視点からも検討することによって，両者の視点からみて資産・役務との対応関係に齟齬のない対価概念を構成し，実際の事案においてはこれを個別具体的に認定する必要があると考えられる。」という考え方です。

　上記のいずれの考え方を採用すべきかについては，今のところ判例等で明らかにされていません。

　ところで，消費税法上「課税仕入れ」の定義は，「事業者が，事業として他の者から…」という建付けになっており，役務提供をする「他の者」は，課税事業者および免税事業者のほか消費者も含まれるとされることから，権利義務の主体になりうる自然人または法人であることを前提としていると解されます。

　そして，「課税資産の譲渡等」は「課税仕入れ」と表裏一体の関係にあることから，事業者が役務提供をする相手方も権利義務の主体になりうる自然人または法人であることが前提となると解されます。

　しかしながら，ステーキングが行われた際に権利義務の主体として特定しうるのは，ブロックチェーンの生成という役務提供をし暗号資産を取得した者のみであり，役務提供をした相手方を具体的に特定することができません。そうすると，「課税資産の譲渡等」の前提を欠くことから，上記のいずれの考え方を採用するにしても，不課税取引[19]になるのではないかと考えます。

根拠法令等：消法2条1項8号・9号・12号，消基通11-1-3

19　PoWにおけるマイニングにより暗号資産を取得した場合に不課税取引と論じているものとして，安河内誠「仮想通貨の税務上の取扱い－現状と課題－」税務大学校論叢第88号，栗原克文「暗号資産をめぐる税務問題」筑波ロー・ジャーナル30号，週刊税務通信3511号2018年6月18日「仮想通貨のマイニングに係る課税仕入れ等は非課税売上対応」。

第5章　消費税

Q40　簡易課税制度選択届出書の提出期限

A社は，2020年4月に新たに事業を開始しましたが，初年度の課税売上高が年商1千万円を超えたため，消費税課税事業者届出書（基準期間用）を所轄税務署に提出しました。

事業開始の年度から2年後の課税期間の課税売上高に対して消費税が課されることになりますが，簡易課税制度を選択する場合，いつまでにどのような届出書を提出しなければならないのでしょうか？

A
[回答：前田公彦]

A社は2021年3月期の初年度の売上高が1千万円を超えたことから，2020年度がA社の消費税の課税年度の基準期間となります。このため，事業開始2年後の年度である2022年度の売上高に対して，消費税が課税されることになります。

消費税の制度には，本則課税制度と簡易課税制度の2つの制度があります。これら2つの制度のうち，一定の条件（基準期間における課税売上高の年商が5千万円以下）に該当する場合には，簡易課税制度を選択することができます。

簡易課税制度は，中小零細企業の事務負担に配慮する観点から，事業者の選択により，課税売上高に係る消費税額を基礎として仕入れに係る消費税額を算出することができる制度です。簡易課税制度では，業種ごとに仕入れ率（これをみなし仕入れ率という）があらかじめ設定されているので，課税売上高さえわかれば，仕入れに対する消費税を取引ごとに個別に算出する必要がありません。

消費税の課税事業者となった事業者が簡易課税制度を適用する場合には，課税される年度が開始する日の前日までに，消費税簡易課税制度選

択届出書を提出することが必要です。
　簡易課税制度では，A社の売上原価率が，A社が属する業種のみなし仕入率よりも低い場合には，納付すべき消費税が減額になり，結果として節税も期待されますが，課税期間内において，高額な仕入れを予定される場合は，本則課税を選択するほうが有利となります。したがって，簡易課税制度の適用を選択する場合は，中長期的な視点から事業計画を事前に十分に検討することが求められます。

根拠法令等：消法37条，消基通13-1

Q41 マンションの住宅部分と事業用部分との消費税の取扱い

甲は公共交通機関の駅近に4階建てのマンション建設を計画中ですが，商店街に立地していることから1階部分は事務所用として賃貸し，2階部分から4階部分は居住用の建物として賃貸することを予定しています。
このような賃貸物件について完成後に入居者から収受する賃貸料について消費税の取扱いはどうなるのでしょうか？

A
[回答：前田公彦]

消費税の課税については，すべての物品の譲渡（売買）やサービスの取引に対して広く公平に課税される税であり，消費者が負担し事業者が納付するものです。

(1) 課税される取引（消費税法4条）

国内において事業者が事業として対価を得て行う資産の譲渡（売買），資産の貸付け，および役務の提供（例えば，商品の販売や運送，広告など）は消費税の課税の対象となります。外国から商品を輸入する場合も輸入のときに消費税が課税されます。

特定課税仕入れ[20]を行った事業者も，消費税が課税されます。

ただし，「簡易課税制度適用事業者」もしくは，「課税売上割合95％以

20　特定課税仕入れとは，以下の2つの取引をいいます。
　ⅰ）国内において国外事業者から受けた事業者向け電子通信利用役務の提供による課税仕入れ
　ⅱ）特定役務の提供による課税仕入れ

上」の場合は，特定課税仕入れはなかったものとされることから，特定課税仕入れについて納税義務は発生しません。

(2) 課税されない取引（消費税法6条）

次のような取引は，消費税の性格や社会政策的な配慮などから非課税として扱われます。

① 土地の譲渡，貸付け（一時的なものを除く。）など
② 有価証券，支払手段の譲渡など
③ 利子，保証料，保険料など
④ 特定の場所で行う郵便切手，印紙などの譲渡
⑤ 商品券，プリペイドカードなどの譲渡
⑥ 住民票，戸籍抄本等の行政手数料など
⑦ 外国為替など
⑧ 社会保険医療など
⑨ 介護保険サービス・社会福祉事業など
⑩ お産費用など
⑪ 埋葬料・火葬料
⑫ 一定の身体障害者用物品の譲渡・貸付けなど
⑬ 一定の学校の授業料，入学金，入学検定料，施設設備費など
⑭ 教科用図書の譲渡
⑮ 住宅の貸付け（一時的なものを除く。）

消費税法6条に規定された居住用の建物（住宅）の賃料は、社会政策的な配慮から非課税とされていますが、テナント（オフィスビルや商業ビルとして賃貸契約して入居する事務所や店舗）の賃料には消費税が課されます。その理由は、テナントの貸付けによって生じる賃料は、事業の対価とみなされるため、消費税の適用範囲に含めるためです。

　したがって、本事例のように、同一のマンションであっても、用途が住宅用でなく、事業用の場合は課税取引となり、その賃料に対して消費税が課されることになります。なお、一般の住宅と異なり、会社の従業員が居住する社宅の家賃については、住宅とみなされ非課税として扱われます。

(3) 駐車場の貸付け

　更地を貸し付けた場合は非課税取引とされますが、駐車場としての「施設の利用に伴って土地が使用される場合、砂利を敷き詰め、ロープで区画しただけの「青空駐車場」であっても、車両を駐車させるという目的で、その青空駐車場を貸し付け、砂利を敷くなどして駐車場としての用途に応じて地面の整備を行っていることから、たとえ青空駐車場であるとしてもその貸付けは「施設の利用に伴って土地が使用される場合」に該当するものとして、課税取引に該当するとの判断が下されています[21]。

21　平成22年3月2日国税不服審判所裁決

(4) 店舗等併設住宅の貸付け

　店舗等併設住宅の居住用部分は住宅に該当するため，その居住用部分の貸付けは非課税となります（消基通6-13-5）。
　この場合において，建物の貸付けに係る対価の額を住宅に係る対価の額と事業用の施設に係る対価の額とに面積比等により合理的に区分することが必要となります（消法別表第二第13号，消基通6-13-5）。

(5) 賃貸物件の更新料

　賃貸物件の更新料は，住居として借りている場合は，消費税はかかりません。ただし更新時，管理会社に更新手続きの事務手数料を請求される場合は，その手数料のみに消費税がかかることになります。
　店舗やオフィス，倉庫などの事業用の物件の場合，家賃と同様に更新料にも消費税が必要になることに留意する必要があります。

根拠法令等：消法4条・6条・別表第二第13号，消基通6-13-5

Column 4

消費税のナゾナゾ

　消費税は嘘から始まった税といわれます。民法規定によると個人の契約関係は契約当事者の自由な意思によって決定されることになっています（民法521, 522）。一般に取引は売主の申込みと買主の承諾により成立し，その価格は市場によって決まります。これを市場価格といいます。この取引に令和5年10月1日から消費税インボイス制度が導入されました。

　例えば売り上げを計上する餅屋さんの店内で税抜1,000円の餅を食べる場合に適格請求書発行事業者（課税事業者）として登録した事業者は100円の消費税が加算され1,100円の売却代金を受け取ります。売却代金のうち消費税として預かった100円は1年間の消費税の一部として集計され，事業経費として支払った消費税を差し引き国に納付されることになります。

　一方，適格請求書を発行しない事業者（免税事業者）の売却代金は1,000円と表示することとなり消費税を預かっておらず国に納付する消費税はありません。

　この事業者は，隣の適格請求書発行事業者とは違いますので消費税分の値引をしますと表示することはできないことになっています（独占禁止法）。

　そこに契約自由の原則が入ってきて，いつの間にか適格請求書を発行しない事業者においても，売値1,100円の餅の価格に移行（嘘のはじまり）され消費税分が儲かります。適格請求書発行事業者は腑に落ちない気持ちになります。

　この取引のエンドユーザーである消費者からいえば同じおいしさの餅であるからおいしい餅を買いたくなるだけのことです。餅の値段は消費税の課税事業者になるかどうかはどうでもいい事であってその価格は一つの市場価格で決ま

ると言えます。その結果，課税事業者は消費税を納付すべきことになり，免税事業者は消費税分が儲かることになるでしょう。

　餅屋さんに餅を1,000円で売った課税事業者である卸売事業者は税込課税売上として計上され，一方卸売事業者が免税事業者であれば税抜売上高として計上されているものと考えられます。何が何だか分からなくなってきました。これが消費税は嘘から始まった税といわれる所以であります。

丹野　彰

第 6 章

複数の税目が関係する税務,税法以外の法が影響する税務

Q42 〔法人税，所得税，相続税〕個人所有の土地活用のために設立した法人が，賃貸建物を建設した場合に個人に支払う地代

個人所有の土地活用のため，オーナー個人株主の同族会社を設立し賃貸建物を建築（建築資金3,000万円借入）して不動産事業を開始しました。

個人の不動産事業に法人が関わることで複数の税目が関連して，特に地代の額によってそれぞれの課税価格計算において影響をうけると思われます。そこで法人は個人地主に地代をいくら払えばよいのか知りたいです。地代の額によって法人税，所得税，相続税等の取扱いはどうなりますか？

A

[回答：丹野 彰]

　個人所有の土地に法人所有の建物を建てたときは土地の賃料として法人は個人に地代を支払います。その地代の額が固定資産税額以下であるときは使用貸借となり法人への借地権移転はありません。

　土地の固定資産税額以上で，かつ3倍程度の地代を支払うことにより賃貸借契約が成立し，賃貸開始時に個人所有土地の借地権が法人に権利移転します。また地代の額によって各税目の取扱いが異なります。

　法人税法では相続財産評価による更地価格（過去3年平均）のおおむね6％の地代（相当の地代）を支払えば借地権の移転はないものとして借地権の認定課税を受けません。

　しかし相当の地代以下の地代を支払うことにより法人は借地権の権利移転があったものとして借地権の認定課税を受けることになります（法基通13-1-3）。ただし，借地権設定後に遅滞なく無償返還の届出書を

提出したときは法人に対し借地権移転はないことになります（法基通13-1-7）。

相続税評価額では更地価額から借地権相当額，無償返還の届出を提出したときは相続税評価における更地評価の20％を控除することができます（法令解釈通達昭和60年6月5日付　直資2-58，直評9）。

通常の借入金に依存した不動産賃貸事業で相当の地代を支払った場合は，事業経営は成り立たないと思われます。なお，所得税法では地代の収入金額は，あくまでも契約による賃料額となります（所法36条）。

したがって，固定資産税額の3倍程度の地代を支払うことが妥当と考えます。

根拠法令等：所法36条，法基通13-1-3・13-1-7，
　　　　　　相基通関係主要個別通達2（相当の地代を支払っている場合等の借地権等についての相続税及び贈与税の取り扱いについて），
　　　　　　法令解釈通達昭和60年6月5日付　直資2-58，直評9相当の地代を支払っている場合等の借地権等についての相続税及び贈与税の取り扱いについて，
　　　　　　8（「土地の無償返還に関する届出書」が提出されている場合の貸宅地の評価）

(監修：宮崎裕士)

Q42 〔法人税，所得税，相続税〕個人所有の土地活用のために設立した法人が，賃貸建物を建設した場合に個人に支払う地代

Q43 〔所得税，相続税〕事業承継税制を適用した株式がM&Aの提案を受けた場合の税務

私は，数年前に事業承継税制（贈与税の一般措置）を利用して父親から同族会社の株式のすべてを取得しました。その後，当社は他社よりM&Aの提案を受けました。買収予定価格は，当社の価値を適切に反映したものとなっており，代表取締役である私の納得のいく内容となっています。このままM&Aの提案を受け入れる場合の税務上の留意点を教えてください。

A
[回答：市原 守]

納税猶予されていた贈与税を納付する必要があります。

(1) 猶予されていた贈与税の納付

後継者が，認定贈与承継会社（中小企業における経営の承継の円滑化に関する法律の認定を受けた非上場会社）の代表権を有していた者から，贈与によりその保有株式等の全部または一定数以上を取得し，その会社の経営をする場合には，猶予対象株式等の贈与に係る贈与税の納税が猶予されます（措法70の7）。

今回のM&Aの提案を受けて，あなたが当該対象非上場株式等の全部を譲渡した場合には，当該譲渡をした日から2か月を経過する日までに猶予税額の全額を納付しなければなりません（措法70の7⑤）。

(2) 株式の譲渡所得

一般株式等に係る譲渡所得等の金額については，他の所得の金額と区分して，一般株式等に係る譲渡所得等の金額（計算式は以下を参照）の15％に相当する金額の所得税（他に住民税5％）が課されます。

(計算式)
譲渡所得等の金額＝譲渡価格－必要経費（取得費[※1]＋譲渡費用[※2]）

※1　取得費について
　金銭の払込みにより取得した株式等の場合には，その払込みをした金銭の額となりますが，その金額が譲渡価格の5％相当額に満たない場合には，その5％相当額を取得費の金額とすることができます。

※2　譲渡費用について
　M&Aの仲介会社に支払った手数料を譲渡費用に含めることができます。

根拠法令等：措法70条の7，70条の7第5項，37の10，所法33条

（監修：秋山高善）

Q43 〔所得税，相続税〕事業承継税制を適用した株式が
　　M&Aの提案を受けた場合の税務

Q44 〔所得税，住民税，社会保険等〕配偶者がアルバイト等で働く場合の税金

夫（扶養者）の給与だけでは家計が心配です。妻（配偶者）がアルバイトやパートで働くことを考えていますが，税金に加えて健康保険や年金の社会保障の仕組みが複雑で難しいと聞いています。わかりやすく教えてください。

A
[回答：田中敏行]

主婦がアルバイトやパートで働くのは，もはや日常的になっています。質問にあるように主婦がアルバイトやパートで働くと所得税，住民税，国民健康保険および年金が絡み，わかりにくくなっています。

(1) 配偶者の収入と所得税・住民税

配偶者（妻）の収入がパート収入だけとしますと，所得税と住民税については以下になります。

- 100万円以下の場合は，所得税も住民税（所得割と均等割）も発生しません（自治体により住民税がかかる自治体もあります）。
- 100万円から103万円以下（給与所得控除額55万円に所得税の基礎控除額48万円を加えた金額）の場合は，所得税は発生しませんが，住民税は発生します。
- 103万円を超える場合は，所得税も住民税も発生します。

(2) 配偶者の収入と扶養者の配偶者控除との関係

次に夫（扶養者）の合計所得金額から妻のアルバイト・パート収入の取扱いをみますと，以下のようになります。

- 夫の合計所得金額が1,000万円（給与収入1,195万円）以下で，妻の合計所得金額（給与収入）が103万円以下の場合には配偶者控除の適用があります。
- 夫の合計所得金額が1,000万円以下で，妻の合計所得金額が48万円（103万円）を超え133万円（給与収入201.6万円）以下の場合に限り，配偶者特別控除が適用されます。

(3) 扶養者の社会保険への被扶養者の適用条件

また夫が会社の社会保険に加入している場合には，妻（配偶者）は被扶養者（第3号被保険者）となりますが，妻のパート収入が106万円以上（例えば，勤務先の従業員数（厚生年金の被保険者数）が101人以上の場合などの適用条件があります）や130万円以上になりますと，妻は被扶養者から外れ，その場合は国民健康保険や国民年金に加入しなければなりません（加入条件有）。

そのため厚生労働省の「年収の壁・支援強化パッケージ」では，この保険料の負担を避け，就業調整（例えばアルバイト・パートで一時的に収入増になった場合）の事業主証明により引き続き被扶養認定が可能となる仕組みを作っています。

アルバイト・パートでの収入については「103万円の壁」とか，「130万円の壁」と言われて，それを超えると所得税や社会保障の負担が増えるのではないかと思われている方は多いと思います。

Q44 〔所得税，住民税，社会保険等〕配偶者がアルバイト等で働く場合の税金

上記で説明したようにパート収入だけの場合ですと，所得税で判断しますので容易に理解できると思いますが，妻が夫の扶養者であることで夫の給与収入と合算することで配偶者控除の適用があるかどうかという控除対象の要件が加わっていることになり，より複雑です。

　また妻のパート収入が106万円や130万円を超える場合，妻が国民健康保険や国民年金に加入することが求められますが，厚生労働省の「年収の壁・支援強化パッケージ」で，その保険料負担を避ける方法として，就業調整を提示し，事業主証明で引き続き被扶養者認定が可能となっています。

　ただし，単独で社会保険に加入すれば，傷害手当金がもらえたり，将来に年金の支給額が増えることにもなるというメリットもあります。妻（配偶者）の働き方については，こうしたメリットも踏まえて，検討されることが望ましいでしょう。

根拠法令等：所法2条・28条・83条・83条の2・86条，厚生労働省「年収の壁・支援強化パッケージ」（令和5年9月27日）

Q45 〔所得税，相続税〕同族株主の判定はいつ行うのか

私（A）はC社の同族株主（持株数30株，議決権比率30％，他に議決権割合30％の同族株主Bあり）ですが，今回C社の複数の非同族役員が設立した新会社D社に持株のうち15株を譲渡しようと考えています。D社への株式譲渡後の私の持株数は15株で議決権割合15％となるため，私は同族株主には該当しなくなり，非同族少数株主になります。

本件株式の譲渡は，個人と法人間の取引となるため同族株主の判定は所得税法に従って行おうと思いますが，私が同族株主に該当するか否かの判定を譲渡前の議決権割合で行うのか，譲渡後の議決権割合で行うのかご教示ください。

A

[回答：横田 茂]

所得税法上も，同族株主の判定は財産評価基本通達に従って行います。

ただし，相続税法上の同族株主の判定は，相続，贈与後の議決権割合に応じて行うのに対して，所得税法の同族株主の判定は，譲渡前の議決権割合に応じて行う点に違いがあります。

所得税法では，株式を譲渡した個人が，株式の譲渡直前において有する株式の議決権割合に応じて同族株主の判定を行うことになっています。あなたの譲渡直前のC社に対する議決権割合は30％ですので，同族株主に該当することになります。

同族株主の判定を譲渡直前の議決権割合に応じて行うのは，次の理由からです。譲渡所得に対する課税は，資産の所有期間中にその所有者に増加益が発生し，その資産が所有者の支配を離れて他に移転するのを機会にこれを清算して課税することを目的に行われるとされています。

この趣旨からすると，課税されるべきは，あなたがC社の同族株主で

あった時期に生じた株式の増加益であり、同族株主の判定は、譲渡人であるあなたからC社株式に対する支配が離れる譲渡直前の議決権割合に応じて行うべきと考えられます。

一方、相続、贈与の場合、譲渡の場合とは異なり、同族株主の判定を相続、贈与後の議決権割合で行うことになっているのは、株式を取得した者の株式取得後の会社への支配力や影響力に応じて、株式の評価を行おうとするためです。

繰り返しますが、同族株主の判定を所得税法上は譲渡前、相続税法上は、相続、贈与後の議決権割合で行うことにご注意ください。

■所得税法上の同族株主判定表と株式の評価方法

会社区分	株主の態様による区分					評価方法
^	株主区分					
同族株主のいる会社	譲渡直前に同族株主グループに属する株主	譲渡直前の議決権割合が5％以上の株主				原則的な評価方法
^	^	譲渡等直前の議決権割合が5％未満の株主	中心的な同族株主がいない場合の株主			^
^	^	^	中心的な同族株主がいる場合の株主	中心的な同族株主		^
^	^	^	^	役員である株主又は役員となる株主		^
^	^	^	^	その他の株主		例外的な評価方法
^	譲渡直前に同族株主以外の株主					^

会社区分	株主の態様による区分					評価方法
^	株主区分					
同族株主のいない会社	譲渡直前に議決権割合の合計が15％以上のグループに属する株主	譲渡直前の議決権割合が5％以上の株主				原則的な評価方法
^	^	譲渡等直前の議決権割合が5％未満の株主	中心的な株主がいない場合の株主			^
^	^	^	中心的な株主がいる場合の株主	役員である株主又は役員となる株主		^
^	^	^	^	その他の株主		例外的な評価方法
^	譲渡直前に議決権割合の合計が15％未満のグループに属する株主					^

第6章　複数の税目が関係する税務、税法以外の法が影響する税務

■相続税法上の同族株主判定表と株式の評価方法

会社区分	株主の態様による区分				評価方法
	株主区分				
同族株主のいる会社	同族株主	取得後の議決権割合が5％以上の株主			原則的な評価方法
		取得後の議決権割合が5％未満の株主	中心的な同族株主がいない場合の株主		
			中心的な同族株主がいる場合の株主	中心的な同族株主	
				役員である株主又は役員となる株主	
				その他の株主	特例的な評価方法
	同族株主以外の株主				

会社区分	株主の態様による区分				評価方法
	株主区分				
同族株主のいない会社	議決権割合の合計が15％以上のグループに属する株主	取得後の議決権割合が5％以上の株主			原則的な評価方法
		取得後の議決権割合が5％未満の株主	中心的な株主がいない場合の株主		
			中心的な株主がいる場合の株主	役員である株主又は役員となる株主	
				その他の株主	特例的な評価方法
	議決権割合の合計が15％未満のグループに属する株主				

根拠法令等：法法22条，所基通59-6，財基通178～189-7

(監修：長島　弘)

Q45 〔所得税，相続税〕同族株主の判定はいつ行うのか

Q46 〔所得税，贈与税〕少数株主からの自己株式取得時の留意点

退職する従業員株主（非同族少数株主，議決権3％）から保有する自社株式を買い取ってほしいとの申し出があります。当社が自己株式として当該株式を取得する予定ですが，この場合，少数株主にとっての税務上の株式時価は配当還元価額と考えられますので，配当還元価額での買取りを検討しております。この場合の注意点をご教示ください。

A
[回答：横田 茂]

ご照会のとおり，個人少数株主が譲渡する場合の税務上の時価は，実務上は所得税基本通達59－6による所得税法上の時価になります。具体的には，配当還元価額になります。注意点としては，以下のとおりとなります。

$$配当還元価額 = \frac{その株式に係る年配当金額※}{10\%} \times \frac{1株当たりの資本金等の額}{50円}$$

※ その金額が2円50銭未満のものおよび無配のものにあっては2円50銭とする。

(1) 従業員株主の課税関係

貴社が配当を出していないと配当還元価額は，1株当たり資本金等（旧額面）の半分になります $\left(\frac{2.5}{10\%} \times \frac{x}{50} = \frac{x}{2}\right)$。従業員株主が旧額面で出資していたとすると，配当還元価額では投資額を回収できなくなります。

この場合，旧額面での買取りを検討する必要があると考えますが，旧

額面で買い取ると税務上課税関係が生ずることになります。こうしたリスクを小さくするためには，従業員株主に係る自己株式買取時の価格を旧額面とする規定を設け，従業員株主と買取価格に関する念書を締結しておくなどの対応が必要と考えます。

(2) 自社の課税関係

自己株式の買取りは資本取引であり，配当還元価額でも旧額面でも貴社に課税関係は生じないと考えます。

(3) みなし贈与との関係

配当還元価額や旧額面（原則的評価より低い株価）で自己株式の買取りを行うと，相続税法上の株価は上昇します。

特に同族株主の株価（原則評価）が上昇します。これは，株価を計算する場合自己株式を除いて計算するので，自己株式数が増えると類似業種比準価額の計算においては，評価会社の1株当たりの，配当，利益，純資産の金額が増加するとともに，純資産価額の計算においても1株当たりの価額が増加するためです。したがって，みなし贈与が生ずるケースがあるため，対応を事前に検討しておく必要があります。

根拠法令等：所基通59-6，財基通178～189-7，相法9条

（監修：秋山高善）

Q46 〔所得税，贈与税〕少数株主からの自己株式取得時の留意点

Q47 〔国税徴収法，破産法〕税務調査により発生した租税債務納付

　父（65歳）と長男（35歳）は同一の事業を2人で営んでいました。取引に係る契約の主体は父であり，父は以前から借入金（金融債務）を抱えていました。

　父と長男は個人事業を2つに分けて別々に所得税の申告をしていました。特に消費税は個人事業を2つにすることで双方が免税事業者となっていましたが，これは税法の不知による問題でした。

　税務調査により父1人の申告として過去5年分の修正申告書の提出を求められました。一方，長男の所得税申告は取り消すこととし納税額は還付されました。

　その結果，父の国税（租税債務）は2,000万円（重加算税含む）超となりました。その後市町村民税，事業税等が追徴され，滞納税額等の総額は3,000万円を超えてしまいました。

　事業主である父から個人（家族名義を含め）の資産を確認したところ見るべき資産はありません。そこで弁護士と相談して破産手続きをすることにしました。このような多額の租税債務に対する納付はどのように対応したらよいのかお教えください。

A

［回答：丹野 彰］

　生計を一にする個人事業者は1つの事業を2つに分けて所得税の申告をすることはできません。納税者である父の借入金（金銭債務）は破産手続きによって消滅します。しかしながら破産をしても租税債務は非免責債権（破産法253①一）なので免責されないことになっています。

　弁護士の協力を受け高齢である父は個人事業を廃業し，長男1人が株

主となる新たな法人を設立して、事業を継続することにしました。そのため父の事業収入はなくなり、オーナーチェンジをして父は法人から報酬を受けることにしました。

　非免責債権である租税債務の滞納処分は、生活に必要な最低限の金額を超えない限り（財産の隠蔽がないことが前提）履行することはできません。父は租税債務について、誠意をもって毎月継続して支払いを続けることになります。

　なお、国税徴収法では「税務署長は滞納者について一定の要件に該当すると認められるときは滞納処分の停止をする」と規定されています（国税徴収法153①）。また、滞納処分の執行が３年間停止したときは、国税の納付する義務は消滅することになります（国税徴収法153④）。

　法律上、納税者は破産をしても租税債務まで解消できず、あくまでも税務署長の判断に限り租税債権が消滅できることになっています。

根拠法令等：国税徴収法153条１項・４項、破産法253条１項１号

（監修：宮崎裕士）

Q47　〔国税徴収法，破産法〕税務調査により発生した租税債務納付

Q48 〔電子帳簿保存法〕電子帳簿保存法の「電子取引」のデータ保存の義務化対策

小規模事業者である個人事業主Bから，電子帳簿保存法の「電子取引」に関する以下の相談を受けています。

① 「電子取引」とは，証憑（請求書・領収書など）の発行や受領を電子的にやりとりすることと聞いていますが，「該当する送受信の範囲」について教えてください。

② 2024年1月1日から，電子取引のデータを改ざんせずにそのままの内容でデータを保存する義務について，宥恕規定もなくなって，本格始動しました。予算の関係で，電子帳簿保存法対応ソフトウエアを新たに購入することはせずに，既存のパソコンとインターネット環境だけで，この義務化に対応したいのですが，どのようにしたらよいでしょうか？

A
[回答：道明誉裕]

(1) 電子取引の範囲（①について）

電子帳簿保存法2条5号では，「電子取引」の定義を，「取引情報（取引に関して受領し，又は交付する注文書，契約書，送り状，領収書，見積書その他これらに準ずる書類に通常記載される事項をいう。以下同じ）の授受を電磁的方式により行う取引をいう。」としています。さらに，電子帳簿保存法取扱通達2-2には，「電子取引の範囲」について以下のような記載があります。

> 「電子取引」には，取引情報が電磁的記録の授受によって行われる取引は通信手段を問わず全て該当するのであるから，例えば，次のような取引も，これに含まれることが留意されます。
> - いわゆるEDI取引
> - インターネット等による取引
> - 電子メールにより取引情報を授受する取引（添付ファイルによる場合を含む）
> - インターネット上にサイトを設け，当該サイトを通じて取引情報を授受する取引

　具体的に，近年の商慣習における該当事例について以下説明しますと，「EDI取引」とは，「商取引に関する情報を企業間で電子的に交換する仕組み」をいいます。例えば，大企業の2社間の自動受発注システムや，全銀ネットによる銀行振込などが，イメージしやすいかと思います。

　「電子メールによる取引」については，領収書の内容が記載されたPDFを電子メールに添付して送受信する方法や，電子メールの本文中に領収書の内容を記載して送受信するような方法が思い浮かびます。

　また，近年のインターネット環境の高度化により，「クラウド」を介した証憑のアップロード・ダウンロードも該当します。「ECサイト」に領収書等をアップロードしておき，購入者に後日ダウンロードしてもらう形式も「電子取引の範囲」に該当すると思われます。

　他にも，国税庁ホームページに，電子帳簿保存法一問一答【電子取引関係】問4に，「電子取引の範囲」として，詳細な記載がありますので，こちらも参照するとよいでしょう。

Q48 〔電子帳簿保存法〕電子帳簿保存法の「電子取引」のデータ保存の義務化対策

(2) 具体的な電子帳簿保存法対応（②について）

　電子帳簿保存法7条によりますと，「所得税（源泉徴収に係る所得税を除く。）及び法人税に係る保存義務者は，電子取引を行った場合には，財務省令で定めるところにより，当該電子取引の取引情報に係る電磁的記録を保存しなければならない。」とされています。2023年12月31日をもって宥恕規定が終了し，2024年1月1日からデータ保存の義務化が本格始動することになりました。

　データ保存の要件として，いわゆる「真実性の原則」と「可視性の要件」があり，電子帳簿保存法対応ソフトウエアを購入するか否かの判断に直結する要件になります。特に，前者の「真実性の原則」は，ソフトウエアを購入せずに義務化対策をする場合には，重要な概念となりますので，しっかり理解すべきでしょう。

　電子帳簿保存法施行規則4条には，「真実性の原則」として4つの要件の記載がありますが，その4つのうち「いずれか」の措置を行うとする要件が記載されています。

　さらに電子帳簿保存法施行規則4条4には，「当該電磁的記録の記録事項について正当な理由がない訂正及び削除の防止に関する事務処理の規程を定め，当該規程に沿った運用を行い，当該電磁的記録の保存に併せて当該規程の備付けを行うこと。」とあります。この事務処理規程を社内規定として定めて管理運用することで，タイムスタンプ付きの高級な電子帳簿保存法対応ソフトウエアを購入せずとも，既存のパソコンとインターネット環境によって，データ保存の義務化対策ができると考えられます。

　なお，「事務処理規程」については，国税庁のホームページに見本がアップロードされていますので，ダウンロードして自社の社内規定として作成し，全社員に管理運営について周知をするとよいでしょう。

第6章　複数の税目が関係する税務，税法以外の法が影響する税務

根拠法令等：電子帳簿保存法2条5号，電子帳簿保存法7条，電子帳簿保存法施行規則4条，電子帳簿保存法取扱通達2-2，電子帳簿保存法一問一答【電子取引関係】問3・問4（国税庁HP）

（監修：宮崎裕士）

Q48 〔電子帳簿保存法〕電子帳簿保存法の「電子取引」のデータ保存の義務化対策

Q49 〔固定資産税〕家屋が固定資産税の課税対象に該当するか否かの判断

相談者Xから固定資産税に関する税務相談を受けています。XがA市に所有する土地・家屋に関する「固定資産税課税明細書」には，Xの自宅とその敷地の記載の他に，もう1つの家屋Bに関する記載があり，その家屋BにもA市によって賦課課税されていることがわかりました。

これを不服に思ったXからのヒアリング調査等によると，この家屋Bは，いわゆる「トレーラーハウス」であり，大型車両により容易に移動できるもので，Xの自宅の敷地内に「生活用・DIY作業用の物置」として簡易的に配置しているだけであるとのことでした。また，家屋Bは，コンクリート基礎工事などを施されていない状況であることもわかりました。

そこで，家屋Bが固定資産税の課税対象に該当するか否かについて教えてください。

A

[回答：道明誉裕]

固定資産税とは，地方税の一種で，所有する固定資産に対して課される税金のことです。

地方税法341条3項によると，固定資産税の課税対象となる「家屋」とは，「住家，店舗，工場（発電所及び変電所を含む。），倉庫その他の建物をいう。」とあります。

また固定資産税の家屋とは，不動産登記法における建物とされ，不動産登記規則111条で「建物は，屋根及び周壁又はこれらに類するものを有し，土地に定着した建造物であって，その目的とする用途に供し得る状態にあるものでなければならない。」とされています。

第6章 複数の税目が関係する税務，税法以外の法が影響する税務

したがって，Xの所有する家屋Bは，コンクリート基礎工事などを施されていない状況であり，かつ，大型車両により容易に移動できるものであることから，土地に定着した建造物とは言い難く，固定資産税の課税対象に該当しないと判断できます。

根拠法令等：地法341条3項，不動産登記規則111条

（監修：宮崎裕士）

Q49 〔固定資産税〕家屋が固定資産税の課税対象に該当するか否かの判断

Column 5

固定資産税の課税誤りを見つける方法

　市町村による固定資産税の賦課課税の誤りが，近年，問題視されています。主な誤りとして，課税対象に該当するか否かの判断ミスや，固定資産税評価額（価格）の算定ミスなどが想定されるかと思います。

　賦課課税の誤りの発見方法としては，固定資産税課税明細書や名寄帳の内容のチェック，固定資産課税台帳の閲覧・縦覧による役所でのチェックなどが挙げられます。
　もしも，市町村による賦課課税の誤りを発見した場合は，その市町村の税務課（対象が固定資産税であれば，税務課内の固定資産課税部門）に出向いて問い合せると，当該年度の納付書の訂正や，過年度分の誤納入分の還付などが受けられます。問い合わせによって，実際に解決した事例もあります。

道明誉裕

Q50 〔固定資産税〕償却資産の申告

当社は本社ビルを新築しました。建物に附属する設備等について、どの資産を固定資産税の償却資産として申告すべきでしょうか？

A　　　　　　　　　　　　　　　　　　　　　　　[回答：松田禎弘]

　固定資産税における償却資産とは、土地及び家屋以外の事業の用に供することができる資産で、その減価償却額又は減価償却費が法人税法又は所得税法の規定による所得の計算上、損金又は必要な経費に算入されるものをいいます（ただし、少額減価償却資産を除きます）。

　償却資産の所有者は、毎年1月1日現在所有している資産について1月31日までに償却資産の所在地の市町村（東京23区は都）に申告する必要があります。

　償却資産の申告対象となる建築設備は、特定の生産又は業務の用に供される設備、独立した機械及び装置等、構造的に家屋と一体となっていないもの、顧客向けサービス設備等です。

　質問の建物附属設備で償却資産として申告が必要なものは次のような資産です。

(1) 電気設備

　償却資産として申告が必要な設備は、特定の生産または業務用の動力配線設備、高圧幹線設備、電力引込設備、中央監視装置、受変電設備、非常用電源設備等です。屋外電灯、非常用発電等の予備電源設備も申告が必要です。一方、低圧幹線設備、室内電灯やコンセントは申告対象外です。

(2) 空調設備

　ルームエアコンは申告が必要です。また，機械専用のサーバー室に設置されたサーバーを冷却する専用の専用空調設備は申告対象です。ダクト設備を通じて広範囲にわたって冷却するパッケージ型エアコンは申告対象外です。

(3) 社員食堂の厨房設備

　厨房ボイラー等，サービス設備としての性格が強いものは申告が必要です。

(4) 構築物，屋外設備

　機械式駐車場の機械装置，広告塔，外構工事，屋外に設置された給水塔，水道引込設備などは申告対象です。家屋として固定資産税が課されていない駐輪場・車庫・物置等についても申告対象になります。

　なお，本社ビルがテナントとして賃貸オフィスに入居した場合は，テナントが取り付けた内装や設備等については，償却資産として取り扱われます。

根拠法令等：地法341条・343条10項，地方税法施行令49条

（監修：秋山高善）

〈参考文献〉

Q1

経済産業省「平成27年度　我が国経済社会の情報化・サービス化に係る基盤整備（ブロックチェーン技術を利用したサービスに関する国内外動向調査）報告書」

岸上順一ほか『ブロックチェーン技術入門』（森北出版，2017年）

Q2

高橋康文編「新・逐条解説 資金決済法【第2版】」（金融財政事情研究会，2023年）

Q3

森下哲朗「FinTech時代の金融法のあり方に関する序説的検討」黒沼悦郎＝藤田友敬編『江頭憲治郎先生古稀記念 企業法の進路』（有斐閣，2017年）

森田宏樹「仮想通貨の私法上の性質について」金融法務事情2095号

西村あさひ法律事務所「ファイナンス法大全（下）〔全訂版〕」（商事法務，2017年）

末廣裕亮「仮想通貨の私法上の取扱いについて」NBL1090号

Q5

野村総合研究所「金融ITフォーカス 2022年10月号」

日本暗号資産ビジネス協会「NFTビジネスに関するガイドライン 第2版」

Q6

日本バーチャルリアリティ学会編「バーチャルリアリティ学」（コロナ社，2011年）

武井勇樹「60分でわかる！メタバース超入門」（技術評論社，2022年）

Q7

北條真史＝鳩貝淳一郎「暗号資産における分散型金融―自律的な金融サービスの登場とガバナンスの模索―」日本銀行レビュー 2021年4月

河合厚・小林寛朋・柳谷憲司『デジタル財産の税務Q&A』（ぎょうせい，2023年）

Q8

自民党デジタル社会推進本部NFT政策検討PT「NFTホワイトペーパー　Web3.0時代を見据えたわが国のNFT戦略」（2022年3月）

自民党デジタル社会推進本部web3プロジェクトチーム「web3ホワイトペーパー〜誰もがデジタル資産を利活用する時代へ〜」（2023年4月）

Q 9
日本銀行決済機構局「中央銀行デジタル通貨（CBDC）に関する日本銀行の取り組み」（2023年4月）

Q11
今井慶一郎ほか「所得税基本通達逐条解説　令和6年版」（大蔵財務協会，2024年）

Q14
松本好正『Q&Aと解説でわかる　立体買換と事業用資産の買換えの税務』（大蔵財務協会，2021年）

Q17
国税庁：質疑応答事例／代物弁済により取得した土地の取得費 https://www.nta.go.jp/law/shitsugi/joto/05/08.htm

Q24
松本好正『実践　土地の有効活用　所法58条の交換・共有地の解消（分割）・立体買換えに係る実務とQ&A』（税務研究会出版局，2016年）

Q31
税理士法人タクトコンサルティング「遺贈寄付の法務と税務と財産別相続対策」（日本法令，2021年）
寄付白書発行研究会『寄付白書』（日本ファンドレイジング協会，2021年）

Q38
経済産業省・中小企業庁（2022）「中小企業向け賃上げ促進税制ご利用ガイドブック—令和4年4月1日以降開始の事業年度用—（個人事業主は令和5年分以降用（令和4年12月27日更新版）」
中小企業庁（2023）「令和6年度税制改正「賃上げ促進税制」パンフレット（暫定版）」

Column 3
日本貿易振興機構（ジェトロ）「税制面におけるシンガポール統括会社の優位性」『貿易・投資相談Q&A』（https://www.jetro.go.jp/world/qa/C-220812.html）参照2024.02.02。
日本貿易振興機構（ジェトロ）『シンガポール税制の概要〔2023年改訂版〕』（https:

//www.jetro.go.jp/ext_images/_Reports/02/2023/dbffb9a330ce150d/2023.pdf）参照2024.02.02。

Q39
田中治「消費税における対価を得て行われる取引の意義」北野弘久先生追悼論集刊行委員会編『納税者権利論の課題』（勁草書房，2012年）
吉村典久「消費税の課税要件としての対価性についての一考察—対価性の要件と会費・補助金」金子宏編『租税法の発展』（有斐閣，2010年）
谷口勢津夫「課税対象取引〜納税義務者の検討も含めて」日税研論集70号
安河内誠「仮想通貨の税務上の取扱い――現状と課題――」（税務大学校論叢第88号）
栗原克文「暗号資産をめぐる税務問題」筑波ロー・ジャーナル30号

Q42
黒沢泰『新版 実務につながる 地代・家賃の判断と評価』（清文社，2022年）

Q43
松岡章夫ほか『令和4年版 図解 事業承継税制』（大蔵財務協会，2022年）

Q48
国税庁：電子帳簿保存法関係／参考資料（各種規程等のサンプル）https://www.nta.go.jp/law/joho-zeikaishaku/sonota/jirei/0021006-031.htm

Q50
東京都 固定資産税（償却資産）https://www.tax.metro.tokyo.lg.jp/shisan/shokyak_sis.html

参考文献

【著者紹介】

編者・田中　敏行（たなか　としゆき）　　　　　　Q20, 21, 30, 35, 44担当
税理士
順天堂大学非常勤講師，元国士舘大学及び元大分大学教授，博士（経営学，横浜国立大学），税務会計研究学会会員，中央大学会計人会会員，科学研究費委員会専門委員（日本学術振興会，2016），学術研究助成基金助成金（平成25年度科学研究費助成事業），租税資料館外国税法等調査研究助成（2012），千葉県税理士会税務研究員。著書に『米国ブランド知的財産の法と会計』（日本評論社，2007，鎗田出版助成（横浜国立大学社会科学系創立80周年記念事業）），論文に「所得税法第56条と「生計を一にする」の成文規定化」（大分大学経済論集，2021・11），他著書論文多数。

市原　守（いちはら　まもる）　　　　　　　　　　Q14, 24, 43担当
税理士
2002年早稲田大学社会科学部卒業後，税理士法人において相続税申告のほか，個人課税，法人課税業務に幅広く従事したのち，義父である柳川一美税理士の事務所に入所。令和3年に同事務所創立50周年を機に，柳川・市原会計事務所へ組織変更し，所長税理士となり現在に至る。

鵜崎　清貴（うざき　きよたか）　　　　　　　　　Column 3 担当
中村学園大学流通科学部特命教授。大分大学名誉教授。博士（経営学）。九州大学大学院経済学研究科博士後期課程中途退学。大分大学経済学部，ハーバード大学ライシャワー研究所を経て現職。

加藤　幸人（かとう　ゆきと）　　　　　　　　　　　　　　　　Q37担当
1989年稲村会計事務所入所，1997年税理士登録
1998年アクタスの代表に就任。2024年シニアエグゼクティブ就任。税理士は「接客・サービス・コンサル業」であるという考えにもとづき，税務のみならず，経営改善，経理の業務改善，DX支援なども積極的に取り組む。経理実務や税務などのセミナー講師を多数行っており，明治大学専門職大学院グローバル・ビジネス研究科の兼任講師を務める。担当科目は「ファミリービジネス概論」。

丹野　彰（たんの　あきら）　　　　Q27, 31, 32, 33, 42, 47, Column 2・4担当
1948年仙台生まれ。1971年東北学院大学卒業。2008年東北学院大学大学院修士課程修了。同年10月丹野彰税理士事務所開業。東北学院大学非常勤講師として学部生や大学院生に対して税理士業務の経験を紹介。通常の税理士業務に加えて法人税では中小零細企業の合併・事業譲渡，相続税では民事信託・遺贈寄付，滞納処分（弁護士の指導を受けて）など特殊案件にも積極的に取り組んでいる。

道明　誉裕（どうみょう　たかひろ）　　　　　Q36, 48, 49, Column 5担当
2003年3月北海道大学大学院工学研究科修士課程を修了し，上場メーカーにて製造現場カイゼンの技術者を務める。税理士試験を五科目合格し，2021年4月に開業（HP有）。23年12月1日より千葉県税理士会千葉税務研究所研究員を兼任。相続税や特殊法人の税務も得意とし，税理士会・法人会・商工会議所などにて，業務効率化・電帳法・法人設立などがテーマの研修講師も多数務めている。

藤田　益浩（ふじた　ますひろ）　　　　　　　　　　　　　　　Q13, 23担当
アクタス税理士法人　税理士
福井県小浜市出身。上場電子部品メーカーの経理実務を経験後，2001年6月より現職に就任し，2004年に税理士登録。メーカー経理時代に習得した効率的・組織的な経理手法を活かし，現在は中小企業の会計・税務コンサルティングを主軸に活動。税務・会計セミナーの講師としても活躍し，AIやビッグデータ，クラウドコンピューティングなど最先端テクノロジーが会計・税務分野に及ぼす影響についても研究し，情報提供に努めている。

前田　公彦（まえだ　ただひこ）　　　　　　　　　　　　Q19, 28, 29, 40, 41担当
1960年国家公務員上級職甲種試験合格。61年京都大学経済学部卒。
富士電機に入社し，富士通に転社後，コンピュータ部門や知的財産権部門に所属し，SE，システム開発，コンピュータセンターの管理，及び知的財産権管理等の業務に従事。筑波大学大学院修士課程（企業法学），横浜市立大学大学院修士課程（会計学），及び横浜国立大学大学院博士課程（経営学）を修了し，博士号（経営学）を取得。2003年より税理士。

松田　禎弘（まつだ　よしひろ）　　　　　　　　　　　　Q34, 50担当
松田禎弘税理士事務所所長　税理士
1966年大阪府生まれ。88年京都大学卒業，同年大手都市銀行入行。同行で外国為替・金融派生商品の開発及び市場取引，販売金融商品の企画推進，資産運用アドバイス，不動産売買・賃貸借契約，会計・税務決算業務に従事。2022年税理士登録。不動産，資産運用，相続・贈与の相談を中心に活動。

宮地　晃輔（みやぢ　こうすけ）　　　　　　　　　　　　Q38担当
長崎県立大学経営学部経営学科教授・税理士
同大学大学院地域創生研究科修士課程ビジネス・マネジメントコースおよび博士後期課程地域社会マネジメント分野において，税理士志望者への研究指導を行う。
主な論文に「税理士事務所の中小企業への事業再構築支援に関する事例研究－茨城県K社の事例を用いて－」『會計2022年９月号』第202巻第３号，森山書店（2022年）など。

柳谷　憲司（やなぎや　けんじ）　　　　　　　　　　　　Q１～12, 39担当
2006年４月東京国税局に入局。同局管内の税務署において，個人事業主や海外取引を行っている個人への税務調査及び申告相談事務等，東京国税局課税第一部国税訟務官室及び国税庁課税部審理室において訟務（税務訴訟）事務，国税不服審判所東京支部において審査請求の調査事務に従事。21年７月退官後，勤務税理士を経て，現在開業税理士。

横田　茂（よこた　しげる）　　　　　　　Q15, 16, 25, 26, 45, 46, Column 1 担当
税理士・中小企業診断士
メガバンクで10年間事業承継提案業務を経験．現在は三菱UFJウェルスアドバイザーズ株式会社で事業承継コンサルタントに従事，組織再編等の提案を行う。その傍ら税理士として事業承継に関する研究や普及活動も行っている。FP技能検定委員（金融財政事情研究会選任）
千葉税務研究所研究員として「取引相場のない株式の評価に関する株主区分及び評価方法の問題点」（千葉県税理士会シンポジウムで発表）

吉田　啓治（よしだ　けいじ）　　　　　　　Q17, 18, 22 担当
大分県国東市生まれ。同志社大学文学部卒，福岡大学大学院法学研究科修了，大分大学大学院経済学研究科修了。
父親の経営する税理士事務所を承継し，現在に至る。一般社団法人全国農業経営コンサルタント協会および全国相続診断協会の会員でもある。

【監修者紹介】

秋山　高善（あきやま　たかよし）
共栄大学国際経営学部教授・税理士
日本税務会計学会法律部門常任委員（東京税理士会）
著書に『【完全版】消費税軽減税率・インボイス制度の実務』（法令出版），『Q＆A国境を越える電子商取引等に関する消費税の実務』（日本加除出版）他多数。

長島　弘（ながしま　ひろし）
中央大学商学部会計学科卒，横浜市立大学大学院経営学研究科修了。
現在，立正大学法学部教授（専攻は税法）。東京地方税理士会横須賀支部所属税理士。行政等の委員としては，横浜市で指定管理者の評価や選定の委員を，全国経理教育協会で相続税法検定創設準備委員会委員を歴任。月刊税務事例で毎号，判例評釈を執筆。

宮崎　裕士（みやざき　ゆうじ）
熊本学園大学大学院会計専門職研究科教授
熊本学園大学大学院商学研究科博士後期課程修了，博士（商学）。大阪経済大学専任講師，九州情報大学専任講師，熊本学園大学大学院会計専門職研究科准教授を経て現職。最近の業績としては，「所得税法における人的資本投資－教育訓練支出を中心として－」『税研』第233号，98〜102頁，2024年，「税法としての給与」金子友裕編著『インセンティブ報酬の会計と税法』白桃書房，104〜122頁等がある。

税理士が知っておきたい
精選 税務事例50

2024年9月10日　第1版第1刷発行

編　者	経営税務研究会
編著者	田　中　敏　行
発行者	山　本　　　継
発行所	㈱中央経済社
発売元	㈱中央経済グループ パブリッシング

〒101-0051　東京都千代田区神田神保町1-35
電話　03 (3293) 3371 (編集代表)
　　　03 (3293) 3381 (営業代表)
https://www.chuokeizai.co.jp
印刷／文唱堂印刷㈱
製本／侑井上製本所

©2024
Printed in Japan

＊頁の「欠落」や「順序違い」などがありましたらお取り替えいた
しますので発売元までご送付ください。(送料小社負担)
ISBN978-4-502-50971-1　C3034

JCOPY〈出版者著作権管理機構委託出版物〉本書を無断で複写複製 (コピー) することは，
著作権法上の例外を除き，禁じられています。本書をコピーされる場合は事前に出版者著
作権管理機構 (JCOPY) の許諾を受けてください。
　JCOPY〈https://www.jcopy.or.jp　eメール：info@jcopy.or.jp〉

●実務・受験に愛用されている読みやすく正確な内容のロングセラー！

定評ある税の法規・通達集シリーズ

所得税法規集
日本税理士会連合会／中央経済社 編

❶所得税法 ❷同施行令・同施行規則・同関係告示 ❸租税特別措置法（抄）❹同施行令・同施行規則・同関係告示（抄）❺震災特例法・同施行令・同施行規則（抄）❻復興財源確保法（抄）❼復興特別所得税に関する政令・同省令 ❽耐登録特法・同施行令 ❾災害減免法・同施行令（抄）❿新型コロナ税特法・同施行令・同施行規則 ⓫国外送金等調書提出法・同施行令・同施行規則・同関係告示

所得税取扱通達集
日本税理士会連合会／中央経済社 編

❶所得税取扱通達（基本通達／個別通達）❷租税特別措置法関係通達 ❸国外送金等調書提出法関係通達 ❹災害減免法関係通達 ❺震災特例法関係通達 ❻新型コロナウイルス感染症関係通達 ❼索引

法人税法規集
日本税理士会連合会／中央経済社 編

❶法人税法 ❷同施行令・同施行規則・法人税申告書一覧表 ❸減価償却耐用年数省令 ❹法人税法関係告示 ❺地方法人税法・同施行令・同施行規則 ❻租税特別措置法（抄）❼同施行令・同施行規則・同関係告示 ❽震災特例法・同施行令・同施行規則（抄）❾復興財源確保法（抄）❿復興特別法人税に関する政令・同省令 ⓫新型コロナ税特法・同施行令 ⓬租特透明化法・同施行令・同施行規則

法人税取扱通達集
日本税理士会連合会／中央経済社 編

❶法人税取扱通達（基本通達／個別通達）❷租税特別措置法関係通達（法人税編）❸減価償却耐用年数省令 ❹機械装置の細目と個別年数 ❺耐用年数の適用等に関する取扱通達 ❻震災特例法関係通達 ❼復興特別法人税関係通達 ❽索引

相続税法規通達集
日本税理士会連合会／中央経済社 編

❶相続税法 ❷同施行令・同施行規則・同関係告示 ❸土地評価審議会令・同省令 ❹相続税法基本通達 ❺財産評価基本通達 ❻相続税法関係個別通達 ❼租税特別措置法（抄）❽同施行令・同施行規則（抄）・同関係告示 ❾租税特別措置法（相続税法の特例）関係通達 ❿震災特例法・同施行令・同施行規則（抄）・同関係告示 ⓫震災特例法関係通達 ⓬災害減免法・同施行令（抄）⓭国外送金等調書提出法・同施行令・同施行規則・同関係通達 ⓮民法

国税通則・徴収法規集
日本税理士会連合会／中央経済社 編

❶国税通則法 ❷同施行令・同施行規則・同関係告示 ❸同関係通達 ❹国外送金等調書提出法・同施行令・同施行規則 ❺租税特別措置法・同施行令・同施行規則 ❻新型コロナ税特法・令 ❼国税徴収法 ❽同施行令・同施行規則・同告示 ❾滞調法・同施行令・同施行規則 ❿税理士法・同施行令・同施行規則・同関係告示 ⓫電子帳簿保存法・同施行令・同施行規則・同関係告示・同関係通達 ⓬デジタル手続法・同関係法令に関する省令・同関係告示 ⓭行政手続法 ⓮行政不服審査法 ⓯行政事件訴訟法（抄）⓰組織的犯罪処罰法（抄）⓱没収保全と滞納処分との調整令 ⓲犯罪収益規則（抄）⓳麻薬特例法（抄）

消費税法規通達集
日本税理士会連合会／中央経済社 編

❶消費税法 ❷同別表第三等に関する法令 ❸同施行令・同施行規則・同関係告示 ❹消費税法基本通達 ❺消費税申告書様式等 ❻消費税法等関係取扱通達等 ❼租税特別措置法（抄）❽同施行令・同施行規則（抄）・同関係告示・同関係通達 ❾消費税転嫁対策法・同ガイドライン ❿震災特例法・同施行令（抄）・同施行規則（抄）⓫震災特例法関係通達 ⓬新型コロナ税特法・同施行令・同施行規則・同関係告示・同関係通達 ⓭税制改革法等 ⓮地方税法（抄）⓯同施行令・同施行規則（抄）⓰所得税・法人税政令（抄）⓱輸徴法令 ⓲関税法（抄）⓳関税定率法等（抄）⓴国税通則法令・同関係告示 ㉑電子帳簿保存法令

登録免許税・印紙税法規集
日本税理士会連合会／中央経済社 編

❶登録免許税法 ❷同施行令・同施行規則 ❸租税特別措置法・同施行令・同施行規則（抄）❹震災特例法・同施行令・同施行規則（抄）❺印紙税法 ❻同施行令・同施行規則 ❼印紙税法基本通達 ❽租税特別措置法・同施行令・同施行規則（抄）❾印紙税額一覧表 ❿震災特例法・同施行令・同施行規則（抄）⓫震災特例法関係通達等

中央経済社